LUDWIG HASLER

FÜR EIN ALTER, DAS NOCH WAS VORHAT

MITWIRKEN AN DER ZUKUNFT

Der rüffer&rub Sachbuchverlag wird vom Bundesamt
für Kultur mit einem Strukturbeitrag für die Jahre
2016–2020 unterstützt.

Dritte Auflage Herbst 2019
Alle Rechte vorbehalten
© 2019 by rüffer & rub Sachbuchverlag GmbH, Zürich
info@ruefferundrub.ch | www.ruefferundrub.ch

Bildnachweis Umschlag:
© Galina Peshkova | 123rf.com
Bildnachweis Autorenporträt:
© Tanja Gschwandl

Gedicht Seite 97:
»Als ich in weißem Krankenzimmer der Charité«,
aus: Bertolt Brecht, Werke. Große kommentierte Berliner
und Frankfurter Ausgabe, Band 15: Gedichte 5.
© Bertolt-Brecht-Erben / Suhrkamp Verlag 1993.

Schrift: Filo Pro
Druck und Bindung: CPI – Ebner & Spiegel, Ulm
Papier: 90 g/m² Salzer EOS naturweiß, FSC 1.75

ISBN 978-3-906304-53-3

Inhalt

Mitwirken – ein Plädoyer zur Einstimmung — 6

I. Die neue Dramaturgie des Alterns: — 12
zwischen Vitalitätsrekorden und Demenz,
irdischer Fristerstreckung und metaphysischer
Obdachlosigkeit

II. Was tun mit 25 geschenkten Jahren? — 42
Permanent Urlaub? Sind wir Endverbraucher
unserer Lebenschance oder Akteure einer
Zukunft?

1. Carpe diem. Unterwegs im Unruhestand — 51
2. Bis(s) zum Ende. Im Endlosigkeitstraum — 63
3. Wirken. Akteur im eigenen Theater — 79
4. Mitwirken. Mit reaktivierter Altersweisheit — 97

III. Die Lizenz zu vertrotteln — 118
Am Ende hilft, wenn überhaupt,
Galgenhumor, vornehmer gesagt: ironische
Einwilligung in die Endlichkeit

Anhang — 136
Erwähnte und weiterführende Literatur — 137

Mitwirken – ein Plädoyer zur Einstimmung

Noch kürzlich nahm die Kurve des Alters nur eine Richtung: abwärts. Schrumpfen, Serbeln, Sterben. So ab 50 ging es bergab – mit der Karriere, der Gesundheit, der Lebensfreude. Heute zeichnen Glücksforscher unsere Lebenskurve in U-Form: Mit 70 sind wir so gut drauf wie mit 18, nur dazwischen hängen wir durch, mit Tiefpunkt um die 46. Die Logik dahinter: Mit 18 lädt das Leben zu all seinen Optionen, wir leben in der Möglichkeitsform. Danach legt uns die Realität nach und nach fest: privat, beruflich, in Lebensart wie Status. Mit 70 wird das Wünschen wieder frei.

Befreit vom Takt des Erwerbslebens haben die meisten von uns Zeit und Geld, können tun und lassen, wie es gefällt – Reisen, Zweitstudium, Jassen, Sport, Kino, Schlauchbootabenteuer, neue Liebe, Yoga, Safari, Grillparty. Und da wiederum die meisten der Arbeitswelt erstaunlich unbeschadet entkommen, auffällig frisch und vital ins Pensionsalter treten, denkt das schöne neue Alter an alles, bloß nicht ans Ende. 90 wird bald normal. Das macht dann 25 geschenkte Jahre. Rentenmathematiker sind darüber mäßig entzückt. Auch die Jungen rümpfen die Nase, sie werden unseren Spaß später wohl bezahlen. Dass die Rechnung nicht aufgeht, ist dutzendfach durchgerechnet – doch nicht einmal Mathematik hat eine Chance gegen unser Dinosauerierwunschprogramm. Das ist hier allerdings nicht das Thema.

Mich interessiert die sogenannte Sinnfrage hinter der Ökonomie: Was braucht ein Mensch, um seines Alters froh zu werden? Reisen, Erlebnisse sammeln, noch einmal in die kanadischen Wälder, alles prima. Wie Urlaub halt. Doch 25 Jahre Urlaub? Hält das ein Mensch aus? Kein Problem, dachten wir damals, eingespannt in die Arbeitswelt, wir träumten von großen Ferien, von der Sehnsucht, nicht länger in beruflichen Zweckwelten zu funktionieren, sondern Selbstzweck zu werden, selber Regie zu führen, nach unserer Manier glücklich zu werden.

Wie Reto Gschwend, der gibt sein Fahrradgeschäft auf, lese ich im Lokalblatt; über Jahrzehnte war er als Fahrradhändler tätig, mit Leib und Seele, heißt es, seine Kunden fühlten sich super beraten und bedient, als Radprofi war er eine Wucht. Nun, mit 61 Jahren, wolle er sich »auf sich selbst konzentrieren«, wolle »mehr Zeit für sich«. Moment. War Reto wirklich in seinem Element als Velohändler? Warum hört er denn jetzt auf? Wer hat ihm »mehr Zeit für sich« eingeredet? Eine Talk-Show? Der Zeitgeist persönlich? Irgendwann haben wir alle genug von der Mühle der Fünftagewoche. Doch eine interessante Arbeit aufgeben, um »sich auf sich selbst zu konzentrieren«: Was bringt denn so was? Dass ein Fahrradhändler mit 61 noch ein paar Jahre Postautos über die Alpen steuern möchte, sein geerbtes Haus im Jura für die ganze Familie umbauen oder auf Privatdetektiv umsatteln, das leuchtet ein, das klingt nach frischen Plänen, tönt wie das Gegenteil von »mehr Zeit für mich« – mehr Zeit für das, was ihn belebt: neue Interessen, neue Tätigkeiten, neue Leute.

Was wir »Sinn« nennen, ist nur ein Wort für den Fall, dass etwas prächtig aufgeht, dass wir uns so richtig belohnt, ja verwöhnt fühlen für das, was wir tun. Das passiert am ehesten, wenn wir kräftig mitwirken, wenn ich für mein Boccia-Team mit der letzten Kugel punkte, wenn wir eine Tischgesellschaft anregen, wenn wir mit Kindern den Wald durchstreifen. Dann fragt keiner nach Sinn und Wert des Lebens, dann ist der Augenblick erfüllt, weil sonnenklar ist: Ich bin nicht allein, nicht überflüssig, es braucht mich, ich spiele mit, ich bin keine Schachfigur neben dem Spielfeld. Wirkt verdächtig einfach. Ist es vermutlich auch. Allein, wir Älteren kommen nur mühsam weg von alten Mustern. Unsere Vorfahren wollten, wenn sie nach Jahren der Plackerei noch lebten, ihre Ruhe haben, zu sich kommen, ihren Frieden machen mit sich und den Umständen. Jetzt reden wir von zusätzlichen 25 Jahren. Auch geben wir keine Ruhe, wir sind als »aktive Senioren« berüchtigt. Das schützt uns allerdings nicht davor, auf unseren letzten Runden zu vereinsamen, uns nur um uns selber zu drehen. Die heitersten Alten, die ich kenne, bringen mehr in Bewegung als sich: Vereine, Unternehmen, Enkel, junge Talente, Behinderte im Tixi-Taxi. Aus Vergnügen, nicht aus Pflicht. Weil die rastlose Jagd nach Erlebnissen leerläuft. Weil es ungleich befriedigender wirkt, an etwas mitzuwirken, das bedeutender ist als mein hinfälliges Ich.

Selbst habe ich das Glück, noch gebraucht zu werden, als Autor, als Redner. Bin ich demnächst nicht mehr gefragt, werde ich in der Schule der Gemeinde anklopfen: Habt ihr ein Dutzend Balkankids, mit denen ich Deutsch üben könnte oder Mathe? Es gibt kein Glück, sagt Arthur Schopenhauer, außer im Gebrauch seiner Kräfte. Welche Kräfte wir haben, spielt keine Rolle. Es kommt einzig darauf an, sie zu brauchen; solange die mitmachen, möglichst alle: Kopf. Herz. Hand.

Der Mensch ruht nicht in sich. Er ist keine Blume, kein Esel, kein Engel. Eher dynamisch dazwischen, halb Esel, halb Engel. Hin- und hergezogen, daher die ewige Unruhe, die Leidenschaft, die Langeweile, die Gier. Der

Mensch hält es mit sich nicht aus. Er ist, so nennen es Philosophen, das exzentrische Wesen; er muss aus sich heraus, über sich hinweg, er ist nicht, er hat zu sein, er lebt davon, dass er etwas vorhat. Im Alter aber hat er immer weniger vor, seine Zukunft schrumpft, sein Leben wird zur Galgenfrist. Für dieses Dilemma – dass der Mensch auf Zukunft angelegt ist, das Alter aber kaum mehr Zukunft hat – gibt es nur eine Lösung: Ich wirke an einer Zukunft mit, auch wenn die nicht mehr meine sein wird. An einer Zukunft, die mich überdauern wird, der Zukunft der Familie, der Gemeinde, der Bienen, der Traditionen, der Biodiversität, der Poesie – an der Zukunft unserer Menschenwelt.

Davon handelt dieses Plädoyer: für ein Alter, das noch etwas vorhat. Kapitel I sondiert das Terrain. Zwei traditionelle Konditionen verschwinden: die Kürze des Lebens und eine Perspektive danach. Stattdessen: Langlebigkeit und Übererwartung ans Diesseits. Altern dauert, neu als Endstation. Kapitel II diskutiert die Folgen: Was fangen wir klugerweise an mit so vielen Jahren, damit unser Alter nicht nur angenehme »Lebensqualität« hat, sondern auch Inhalt, dass es um etwas geht, dass wir eine Bedeutung haben, eine Rolle spielen? Vier Varianten bringe ich ins Spiel: Unterwegs sein, solange es geht; an der eigenen Endlosigkeit basteln; nützlich werden in der Seniorenprovinz; mitwirken in der Welt der Jüngeren. Meine Favoriten: Wirken, Mitwirken! 25 Jahre Passivmitgliedschaft sind eine bescheuerte Perspektive – für uns selbst, für die Gesellschaft. Irgendwann, nach dem sogenannten Dritten Alter, hört der Spaß sowieso auf, dann beginnt das Vierte Alter mit chronischen Krankheiten und Gebrechen, mit

Verwirrung und Niedergeschlagenheit. Kapitel III lädt abschließend ein zu Galgenhumor: zu ironischer Einwilligung in die Endlichkeit.

Der Form nach ist diese Schrift ein Essay, kein Sachbuch. Ich stehe nicht über der Sache, ich engagiere mich – für ein Alter mit Zukunft. Ich bin kein Gerontologe wie Markus Leser, der uns in »Herausforderung Alter« kundig über all die Areale späterer Jahre führt. Auch bin ich nicht – wie Otfried Höffe – zuständig für »Die hohe Kunst des Alterns«. In meiner Wahrnehmung hängen wir die Kunst zu altern eher zu hoch – und werden prompt unglücklich, sobald das Knie schmerzt. Also tiefer hängen! Näher hin zu einem praktischen Menschenbild. Nicht jeder taugt zum kleinen Seneca. Gelassenheit wird dann zur Tugend, wenn uns einzig bleibt, das Unerträgliche geduldig hinzunehmen. Bis dahin empfiehlt sich das unphilosophische Vergnügen, nach Kräften am Leben teilzunehmen.

Zur vorsorglichen Klärung noch dies: Es gibt alte Menschen, die passen nicht in die Schablonen aktiver Senioren, sie sind hilfsbedürftig, haben kein Geld zu reisen, keine Kraft mitzuwirken. Sie kommen in diesem Buch trotzdem kaum vor. Ich entwerfe kein Panorama des Alterns. Ich schreibe ein Plädoyer. Damit spreche ich die an, die noch die Wahl haben, was sie mit ihren Altersjahren anfangen wollen. Und zu denen, die ihr Alter erst vor sich haben.

I.

Die neue Dramaturgie des Alterns: zwischen Vitalitätsrekorden und Demenz, irdischer Fristerstreckung und metaphysischer Obdachlosigkeit

»Wie ist es so mit dem Älterwerden?«, fragte der Reporter. Marianne Faithfull, eben 70 geworden, nahm einen Schluck Whisky, zog an ihrer Zigarette und sagte mit dunkler Reibeisenstimme: »Nun, wie Bette Davis stets sagte, es ist nichts für Weicheier.«

Da muss ich widersprechen. Ich zähle 75 und gehöre zur verwöhntesten Generation, die je ins Rentenalter kam. Ab 1945 ging es stets aufwärts, mit der Freiheit, dem Wohlstand, dem Wachstum. Mehr Bildung, mehr Freizeit, mehr Komfort, mehr Sicherheit, steigende Renten, Autos für alle, Farbfernseher, Internet, Smartphones, Spitzenmedizin, Spitex. Und weil die Menschenseele mit der Zeit die Farbe und Tonart der Umgebung annimmt, begannen wir zu glauben, es gehöre sich so, wir hätten das sozusagen verdient, das sei alles unsere Leistung, nicht unser Glück, die Welt schulde uns dies – und künftig noch einiges obendrein: Care Teams hinter jeder Straßenbiegung, die konstante Rente trotz umgekehrter Alterspyramide, und bitte demnächst alle 500 Meter einen Defibrillator. Sonst könnten wir am Ende ja noch sterben am Leben. So schaffen auch Weicheier das Älterwerden.

Nicht dass meine Generation faul wäre. Wir waren fleißig am Werk, oft richtig tüchtig. »Verwöhnt« nenne ich uns, weil die Geschichte uns gewogen war. Von Kriegen verschont, erlebten wir die Welt wie eine moralische Anstalt, es ging darin – grosso modo – gerecht zu und her, Tüchtige sahen sich belohnt, Faule und Dummköpfe bestraft. Jeder Generation vor uns war klar: Gerechtigkeit? Zum Lachen! Seuchen, Hungersnöte, Wirtschaftskrisen schlugen stets willkürlich zu, sie trafen Gerechte wie Halunken. Nach 1945 vergaßen wir in

Zentraleuropa, was »Schicksal« bedeutet, wir erfuhren die Welt als kalkulierbare Vergütungsanstalt. Wo sie lückenhaft blieb, sprang der Staat als Versorgungsbetrieb ein. Und da das Menschenhirn sich an das hält, was es kennt, denkt meine Generation: Im Prinzip geht alles mit rechten Dingen zu, und wo das mal nicht der Fall ist, hat jemand versagt – die Schule oder die Gesellschaft oder der Staat. Dann erwarten wir, dass der Schlamassel ordentlich ausgebügelt wird.

So stellen wir vermutlich die harmloseste Ausgabe der Menschheit, die je ins Alter kam. Wir passen zur Fantasie vom »Ende der Geschichte«, wie Francis Fukuyama sie 1992 entworfen hatte: Dass der Zusammenbruch der Sowjetunion nicht nur die Zeit des Kalten Krieges beendete, sondern die uralte Abfolge antagonistischer Epochen überhaupt. Dass damit die große Weltsolidarität einsetze, dass der liberale Geist in Wirtschaft und Politik automatisch Freiheit fördere, auch Demokratie, Wohlstand, Menschenrechte, selbst wenn die liberalen Köpfe konkret nur auf Profit und Wachstum aus sind. Dass absehbar alle glücklich und zufrieden würden, dass sie alles wollten, bloß keinen Wandel, weshalb die Geschichte an einen Punkt gelange, wo an der Oberfläche noch allerlei zu variieren, im Kern jedoch nichts mehr zu verändern sei. Dass die Menschheit sich in der marktwirtschaftlich orientierten Demokratie systematisch vollende und absolut keinen Grund mehr finde, sich für Neuerungen in Unkosten zu stürzen.

Diese Erzählung war die perfekte Projektion unseres Selbstverständnisses. Wir fühlten uns sicher, frei und satt, unser Leben war entdramatisiert, die Gemütslage entspannt. Mit einer ungewissen Zukunft rechnete kaum einer, wir setzten auf Fristerstreckung der Gegenwart. Jedenfalls bis 2008. Damals stürzten die Banken ab und zogen unser Alterskapital mit in das Debakel. Das Schicksal meldete sich zurück. Die Geschichte machte plötzlich wieder Sprünge, technisch durch Digitalisierung, politisch durch nationalistischen Eigensinn, global durch Migration. Mit gesättigter Gegenwartszufriedenheit war Schluss. Darum sind wir Alten insgeheim erleichtert, schon älter zu sein. Die Jungen beneiden wir kaum, die Welt, die sie übernehmen, wird mühsam zu gestalten sein – auch weil wir eher rücksichtslos über den Planeten fuhrwerkten. Dass es absehbar keine Insekten mehr gibt, ist unser Beitrag, ein Teil des Klimawandels wohl auch, von den künftig miesen Aussichten auf Altersrente nicht zu reden. Wir dagegen sind noch davongekommen, das erzeugt ein so angenehmes Lebensgefühl, dass wir gerne endlos weiter mit ihm unterwegs wären. In der Verantwortung sehen wir uns nicht mehr, wir sehen uns als Passivmitglieder der Gesellschaft. Oder – bitte! – als geschätzte Ehrenmitglieder.

Um 1900 lebten unsere Vorfahren in der Schweiz durchschnittlich 46 Jahre. Das verdoppeln wir noch nicht, sind aber nahe dran. Frauen erreichen heute 85, Männer gegen 82 Jahre. Die nächste Generation dürfte drei bis vier Jahre zulegen. Jedes vierte Mädchen mit Jahrgang 2017 darf damit rechnen, dereinst 100 Jahre alt zu werden. Der Genetiker und Harvard-Professor David Sinclair kündigt bereits »Das Ende des Alterns« an. Bei Labortieren hat er durch epigenetische Reparatur das Altern nicht nur verlangsamt, sondern umgekehrt. Nun macht er sich mit der Methode an den Menschen – mit Zuversicht: »Der Mensch, der 150 Jahre alt wird, ist schon geboren.« Schöne Aussichten – mit neuen lästigen Fragen. Wie finanzieren wir die Langlebigkeit? Damit werden sich unsere Enkel befassen müssen.

Wer spricht von Lebensabend?
Wir machen Siesta im großen Nachmittag
unseres Lebens.

Mich interessiert, wie die Dramaturgie des Alterns sich derzeit verändert. Bis vor Kurzem galten drei Konstanten: Erstens bedeutete Altern körperlichen Verfall, dauerte also eher kurz. Zweitens beanspruchten die körperlich zunehmend gebrechlichen Alten einen gesellschaftlich respektierten Sonderstatus, den sie wiederum rechtfertigen mussten durch Vorzüge wie »Altersweisheit«, mit denen sie sich nützlich machen konnten. Drittens ertrugen Alte ihren Zerfall am ehesten durch eine Perspektive über den Tod hinaus, auf ein Leben danach. Unter diesen drei Konditionen spielte traditionell der letzte Akt des Menschenlebens. Jede Kultur variierte sie auf ihre Weise, doch alle verbindet dieselbe Dramaturgie: Erstens machte sich keine Kultur Illusionen über die Strapazen des Alters. Zweitens respektierte und nutzte jede Kultur altersbedingte Sonderqualitäten wie Erfahrung, Besonnenheit, Unparteilichkeit. Drittens imaginierte und ritualisierte jede Kultur Aussichten auf ein Weiterleben, sei es im Reich der Ahnen, im Hades für Schattenexistenzen, im Paradies für Gerechte, in der Hölle für Ungläubige, im Purgatorium für Halunken.

Diese Koordinaten werden heute neu gezogen. Das Skript des Alters will, mit Blick auf Langlebigkeit, umgeschrieben werden. Vorläufig und pauschal lässt sich die Veränderung so beschreiben: Unsere irdische Frist dehnt sich, die Jenseits-Perspektive schrumpft. Was bis vor Kurzem »Lebensabend« hieß, die Zeit des Rückzugs und Abschieds, rückt stets weiter nach hinten. Das gibt Raum für einen »Lebensnachmittag«, eine ausgedehntere Zwischenzeit unter Parolen wie »alt und vital«. Wer sich in diesem »Nachmittag« zurechtfinden will, kann also nicht einfach zurückgreifen auf tradierte Altersexerzitien, auf Spaziergänge in der Bibliothek kluger Gedanken, auf abendländische Intellektuelle wie Seneca, Boethius, Montaigne. Für den Lebensabend bleiben sie hingegen unvermindert empfehlenswert.

Unter dem Motto »Vita brevis – ars longa« finden wir bei Seneca wie bei christlichen Denkern die drei herkömmlich verbindlichen Klugheitsregeln für Erdenbürger im letzten Abschnitt ihres Lebens. Erstens: Memento mori! Das Leben ist flüchtig und eitel. Zweitens: Zieh dich zurück aus dem Weltbetrieb, konzentriere dich auf deine Altersintelligenz. Drittens: Betrachte dein Leben »unter dem Gesichtspunkt der Ewigkeit«; du bist eine Eintagsfliege, von Bedeutung ist das große Ganze, die kosmische Ordnung.

Heute altern wir unter neuer Regie. Die Anweisungen fallen vergleichsweise harmlos aus – etwa so: Sei der Schmied deines Glücks. Zweitens: Halte dich fit und up to date, solange du kannst. Drittens: Genieße, was dein Leben hergibt. Neu daran ist: Alles dreht sich ums Ich. Die Spannung von »Vita brevis – ars longa« löst sich auf in der individuellen »Vita longa«; die schluckt auch die alte metaphysische Dimension. Ars longa wird zur Ars vivendi, quasi zur Kunst, 25 Jahre Siesta zu machen. Was wird aus der »Altersweisheit«? Sie war stets auch eine Kunst, sich selbst zu relativieren. Hat sie damit noch eine Chance, wo eher »Selbstoptimierung« oder doch »Selbstsorge« gefragt sind? Dass die schiere Länge des Lebens noch keine existenzielle Substanz begründet, ist uns klar. Wohl auch das damit verbundene Risiko, uns in aufwändigen Leerläufen zu verlieren, ohne deren nihilistische Logik (»Halt dich fit, damit du noch lange fit bleibst«) wahrnehmen zu wollen. Im Zweifelsfall hängen wir einfach am Leben, begehren wir nichts so sehr wie Gnadenfrist. Originell ist das nicht. Der Traum vom ewigen Leben ist so alt wie die Menschheit. Den Tod austricksen wollten Menschen schon immer. Erfolgsmeldungen sind rar. Ernüchternd schon der Fall des altgriechischen Jünglings Tithonos: Eos, die Göttin der Morgenröte, entführte den jungen Prinzen, heiratete ihn und erbat für ihn von Zeus die Unsterblichkeit. Allerdings vergaß sie, auch um die ewige Jugend zu bitten. So alterte Tithonos, unfähig zu sterben, er schrumpfte mit der Zeit dermaßen, dass ihn Zeus in eine Zikade verwandelte, um ihm ein halbwegs würdiges Seniorendasein zu ermöglichen.

Das zeigt, in welches Dilemma gerät, wer am ewigen Leben bastelt. Verlängern lässt sich das Leben schon, fragt sich nur, was dabei schrumpft. Der Körper absehbar, die Vitalität ebenso sicher. Damit auch der Lebenssinn? Wer oder was hilft uns gegen das Schrumpfen? Die Biologie gewiss nicht. Sie ist keine Freundin langer Leben. Interessiert am Überleben, investiert sie in die

Jungen – und schiebt die überflüssigen Alten ab. Die Religion? Himmelsfreuden als Entschädigung fürs irdisch durchzogene Leben? Das war bisher das erfolgreichste Konzept. Meinen Eltern erleichterte es das Leben wie das Sterben. Nichts spricht dagegen, das weiterhin so zu praktizieren. Nur emigriert dieses Konzept ins Individuum, als gesellschaftliche Verbindlichkeit pausiert es. An seine Stelle tritt immer deutlicher die Medizin als Hightech-Agentur für Aufenthaltsverlängerung. Sie bügelt manche Verluste aus, mit neuem Knie, raffinierten Hörhilfen, Herz-Taktgebern. Neuerdings macht sie sogar Lahme gehen und Blinde sehen.

Die großen Heilsversprechen stecken noch in Kinderschuhen: Personalisierte Medizin wechselt mit der Immuntherapie die Strategie, sie attackiert nicht länger direkt Krebszellen, sie rüstet das Immunsystem auf, das es dem Krebs dann besorgt. Seit die Kunde zirkuliert, wollen wir Älteren natürlich so lange fit bleiben, damit wir noch in den Genuss dieser sagenhaften personalisierten Therapie kämen, falls uns ein Krebs erwischt. Sagenhaft werden allerdings auch die Kosten, bis zu einer Viertelmillion pro Patient. Eine volkswirtschaftliche »Zeitbombe«, fürchten selbst Pharma-Manager. Doch wer will von Finanzen reden, wenn Medizin unser Leben verlängert? Lebensdauer wird zum absoluten Wert, koste sie, was sie wolle. Nur kritische Geister wie die Schriftstellerin Ruth Schweikert in »Tage wie Hunde«, fragen sich nach der Brustkrebsoperation, die über 50 000 Franken kostete, wer denn bestimme, dass ihr Leben so viel wert sei. Die meisten finden es selbstverständlich, dass ihr Leben zu jedem Preis noch einmal gerettet wird. Unverständlich ist ihnen nur, dass es noch immer diese skandalösen Zufälle gibt, dass der Hirntumor aus heiterem Himmel zuschlägt, nicht selten bei hoffnungsvollen sportlichen Leuten. Dass das Herz plötzlich stillsteht, dass sich ausgerechnet auf einer harmlosen Wanderung Plaque in der Arterie löst. Da wären wir dann um unsern Lebensnachmittag betrogen, selbst wenn wir uns speziell für ihn geschont hatten. Nein, die Option Langlebigkeit taugt noch nicht als Retterin. Auch wenn wir sie wie eine Göttin hätscheln, sie hilft uns nicht, die Schatten der Endlichkeit zu überspringen, die das menschliche Dasein wirft. Darum richtet sich unsere Hoffnung auf neue Digitaltechnik. Alphabet, der Dachkonzern von Google, betreibt das Projekt »Calico« mit dem erklärten Ziel: »Ewiges Leben«. Am Tage der Lancierung erklärte der Google-Boss Larry Page, sie wollten sich an eine große Sache wagen, jedoch nicht, wie viele andere, nur Krebs bekämpfen. Das wäre eine gute Sache, doch keine große; es wären bloß mickrige drei bis vier Jahre Lebensgewinn. Er und Google dächten in anderen Dimensionen: Sie bekämpfen den Tod, nicht eine Krankheit. Ganz absurd ist das nicht. Topleute aus Medizin und Biochemie sind ernsthaft am Werk. Ihre Idee: Aus dem Ozean von medizinischen Daten, die Google speichert, ließe sich die Schnittstelle zwischen gesund und krank herausdestillieren, sozusagen der allererste unscheinbare Anfang unserer Hinfälligkeit. Nicht mehr Therapie ist gefragt, die kommt eh zu spät, meint Google, es geht darum, unsere Körper dank lückenloser digitaler Überwachung gar nicht in die prekäre Lage der Therapiebedürftigkeit schlittern zu lassen. So wäre die Langlebigkeitsdoktrin vielleicht doch zu retten.

Sofern die Biologie mitspielt. Darauf zählen wir besser nicht, denn sie reagiert eher abweisend, neuerdings mit Demenz. Für Optimisten der Langlebigkeit ein krasser Dämpfer, weil er sie grundsätzlich ausbremst – mit dem Argument: Unser Genom hat keine Erfahrung mit so langem Leben. Damit wäre Demenz dann weniger eine Krankheit, eher eine natürliche Überforderung. Unser evolutionär eingespieltes Binnenleben ist leicht zu irritieren. Zum Beispiel zeigen Chronobiologen wie Gregor Eichele und Till Roennenberg: In uns ticken hundert Millionen Jahre alte »Uhren«, deren Einstellung vom Licht-Dunkel-Rhythmus der Erdrotation herrührt. Es ist naiv zu glauben, wir könnten diese wie einen Wecker stellen, so auf ein Alter von hundert Jahren. Jedes Organ arbeitet zu seiner eigenen Zeit, sodass in unserem Körper stets eine chaotische Vielfalt aus Rhythmen, Frequenzen und Perioden herrscht. Damit daraus schließlich ein kooperatives Konzert entsteht, steuert ein oberster Dirigent die einzelnen Zelluhren und synchronisiert sie mit der Außenwelt: Der »suprachiasmatische Nucleus« dirigiert Stoffwechsel und Hirnaktivität – eine so unfasslich komplexe Leistung, dass wir uns nicht wundern sollten, wenn sie mit der Zeit hapert oder aussetzt.

Am Horizont das Menetekel Demenz –
der Disput um die Würde des Alters

In der Schweiz leben gegen 148 000 an Demenz Erkrankte, jährlich kommen rund 28 000 hinzu. Fast jeder

Zehnte der über 65-Jährigen, mindestens jeder Dritte der über 90-Jährigen soll von Alzheimer oder einer andern Demenzvariante betroffen sein. Demenz ist seit Jahren der häufigste Grund der Pflegebedürftigkeit. Als meine Mutter nach Jahren der Demenz starb, sank bei mir und meinen Geschwistern schlagartig der Appetit auf rekordlanges Leben. Die Wissenschaft sendet keine Hoffnungssignale. Zwei Pharmafirmen, die seit Jahren Alzheimer erforschen, teilten 2019 mit, ihr Medikament erfülle die Hoffnungen nicht. Roche und AC Immune führen ihre Studien mit insgesamt 1500 Patienten nicht weiter; der getestete Wirkstoff Crenezumab bewirkte keine Verbesserung im Hirn. Meldungen über das Scheitern neuer Demenz-Medikamente sind seit Jahren die Regel. Auch der US-Konzern Biogen stellte seine Experimente mit dem Antikörper Aducanumab ein. Mit über hundert Substanzen ist schon geforscht worden – sämtliche erfolglos.

Das Ziel lautet seit einigen Jahren nicht nur, die Symptome erträglicher zu machen. Die Forscher wollen an der Ursache der Krankheit ansetzen, sie wollen das Nervensterben beenden. Und müssen – mit Andreas Monsch, dem Leiter der Memory Clinic am Felix-Platter-Spital Basel – eingestehen: »Wir kennen den Mechanismus, wie Alzheimer entsteht, nicht.« Besonders irritierend waren Experimente im Jahr 2010: Das neue Mittel wirkte verblüffend, die verklumpten Proteine, die angeblich das Vergessen verursachen, lockerten sich im Gehirn der Versuchspersonen merklich – allein, die Patienten selber merkten nichts davon, sie waren so verwirrt wie zuvor.

Damit kehrt – noch vor dem Tod – das Schicksal unübersehbar zurück ins Alter. Komplett verdrängen konnten wir es ohnehin nie, doch insgeheim hofften wir, die Wissenschaft bekomme es in den Griff. Sie hielt zwar schon im vergangenen Jahrhundert keinen Termin ein, auf den sie selbst den »Sieg über Krebs« angekündigt hatte. Immerhin bewegt sie sich auf diesem Feld: Sie versteht Krebs immer besser, und immer mehr Menschen überleben ihre Krebserkrankung. Die Zahl der an Krebs Erkrankten steigt nur, weil die Überlebensrate massiv angestiegen ist; bei bald jedem Zweiten liegt die Krebsdiagnose zehn Jahre und mehr zurück. Es besteht also Hoffnung – auch auf den methodischen Strategiewechsel, das Immunsystem anzustacheln statt Krebszellen direkt anzugreifen. Der steckt noch in den Anfängen, zeigt aber bereits – mindestens im Falle von Hautkrebs – einige Wirkung. Für uns aktuelle Alte kommen diese Fortschritte zu zäh voran, fürs künftige Alter nähren sie den Traum eines garantiert unversehrten langen Lebens.

Doch am Horizont zieht Unheil auf: Demenz weckt uns schonungslos. Die Ohnmacht der Wissenschaft ist einstweilen zurück, am Ende des Lebens hat das Schicksal wieder die Macht. Das Alter dauert zwar stets länger, es läuft aber nach wie vor ins Unverfügbare, nicht nur in die mögliche demente Verdunkelung, auch in eine Polymorbidität, wie eh und je, bloß später. Wie reagieren wir darauf? Sind wir für geschenkte 25 Jahre derart dankbar, dass wir die späten Eintrübungen leichter akzeptieren, sozusagen als Preis für die ausdauernde Vitalität? Das Gegenteil ist der Fall. Alle Umfragen zeigen: Dass Erkrankungen uns erst spät erreichen, stimmt uns kein bisschen freundlicher, eher ruiniert es rückwirkend unsere Zufriedenheit mit dem Leben. Die Logik kennen wir: Wer jahrzehntelang nie krank war, den erschüttert die eine Krankheit gründlicher als diejenigen, die schon immer mal erkrankten. Dieselbe Wirkung zeigt unser anwachsendes Alter: Je länger wir quasi jung leben, desto weniger wollen wir wirklich alt werden. Je länger wir unser Leben selber bestimmen, desto weniger ertragen wir altersbedingte Kontrollverluste. Je höher wir das Prinzip Selbstverwirklichung hängen, desto unerträglicher erscheint uns eine hinfällige Existenz.

Von da ist es dann nur ein kleiner Schritt zur anschwellenden Suizid-Debatte: Je schlechter unsere seelische Widerstandskraft im Ertragen von Schmerz und Elend trainiert ist, desto rascher denken wir an Exit, sobald uns ein Alter droht, das wir nicht mehr im Griff haben. Nicht nur das Menetekel Demenz, dieser Schrecken, uns bei lebendigem Leibe allmählich abhandenzukommen, befördert die Bereitschaft, das Ende selber zu bestimmen. Es ist generell die Angst, wir könnten unserer Selbstbestimmung entgleiten, die uns drängt, rechtzeitig unser Schicksal selber an die Hand zu nehmen. Es reicht vielen nicht, ihres Glückes Schmied zu sein. Sie wollen auch ihres Schicksals Herr werden. Todesanzeigen, die in der Ich-Form sprechen, wirken heiter bis triumphal: »O ja, Freunde, ich habe gelebt!« Noch die »letzte Reise« wollen wir zunehmend selber organisieren. Ja nichts dem Schicksal überlassen, bloß kein Leiden abwarten. Denn: Leiden verliert in diesem prosaischen Lebenskalkül jede Bedeutung.

Wir lesen die Geschichte eines Paares, das jahrzehntelang gemeinsam durchs Leben ging, jetzt wollten die beiden auch gemeinsam sterben. Der Titel der Reportage: »Der Countdown«. Es bleibt noch ein letzter Monat. Zeit, Abschied zu nehmen. Danach schlafen sie friedlich ein, Hand in Hand. Fühlen sich nun auch die Weiterlebenden erleichtert? Oder alleingelassen mit der Frage, ob das wirklich der Todeswunsch war oder eher eine Depression – oder auch Rücksicht auf die Hinterbliebenen, ihnen nicht zur Last fallen zu wollen? Die »Freitod«-Diskussion ist nicht hier zu führen. Wohl aber die Frage: Schaffen wir – mit Langlebigkeit und Exit-Kultur – erstmals in der Geschichte das Alter ab? Oder gab es das ähnlich schon einmal, in der Antike, angeleitet durch die Stoa mit ihrem »Gelassenheit«-Postulat? Stoiker wie Zenon, Seneca, Epiktet, philosophisch wirkungsmächtige Autoren, raten zu Autarkia (Selbstgenügsamkeit) und Ataraxia (Unerschütterlichkeit) – gerade mit Blick aufs Sterben. Sie lehnen es ab, das »gute Leben« mit dem langen Leben gleichzusetzen, sie unterscheiden unzimperlich zwischen mehr oder minder erstrebenswertem Leben und favorisieren entschieden das autarke, das nicht irritierbare, nicht gängelbare Leben. Dass sich das nicht unter allen Umständen aufrechterhalten lasse, sahen sie durchaus, darum empfahlen sie: Wer von Schmerzen oder Armut erniedrigt, wer von Tyrannen schikaniert werde, solle besser freiwillig aus dem Leben scheiden. Ihr Maßstab waren nicht Güter wie Wohlbefinden und Gesundheit, das Kriterium war das Ideal Würde: Verliere ich unter widrigen Umständen meine Selbstachtung, lohnt sich das Weiterleben nicht. Seneca selbst, der berühmteste Stoiker, schnitt sich im Bad die Pulsadern auf. Er hatte den berüchtigten Kaiser Nero erzogen, was diesen nicht davon abhielt, ihn der Verschwörung anzuklagen und zum Suizid zu drängen, was Seneca prompt ausführte, angeblich mit stoischer Ruhe.

Nach diesem »Rezept« wäre für uns Alte Exit ratsam, sobald uns die Würde entgleitet. Nur, wann ist dies der Fall? Wenn ich mich nicht mehr frei bewegen kann? Wenn ich hilfsbedürftig werde? Wenn ich nicht mehr klar im Kopf bin? Die neuzeitliche Philosophie verbindet Würde mit Autonomie, und diese wiederum mit Selbstbewusstsein. Ist dann der an Demenz Erkrankte überhaupt noch eine Person, ein Ich im Würdemodus – oder nur ein Netzwerk von Nerven? Oder – wie der Oxforder Ethiker Jeff McMahan vorschlägt – eine »Postperson«, eine Person a.D., aktuell jedoch keine Person im strikten Sinne, mehr »Etwas« als »Jemand«? Doch nun: Muss denn Würde in jeder Altersphase dasselbe bedeuten? Gibt es nicht jenseits des Ich-Bewusstseins eine Seele mit ihren höchstpersönlichen Geschichten, auch wenn das Ich sie vergessen hat? Und nicht zuletzt: Ist das eine Sache, die ich nur mit mir abzumachen habe? Spielen Familie, Freunde, Gesellschaft dabei keine Rolle? Gehört mein Alter mir allein, bin ich frei, es abzubrechen, wann es mich gut dünkt? Die stoischen Empfehlungen wirken wie eine Philosophie von einsamen Männern für Single-Männer, deren einzige Verpflichtung die Wahrung ihrer Selbstachtung zu sein scheint. Nicht zufällig stammt das moderne Plädoyer für Suizid von Friedrich Nietzsche, aus Zarathustras Munde klang das 1884 so: »Den freien Tod predige ich Euch, der nicht heranschleicht wie Euer grinsender Tod, sondern der da kommt, weil ich es will.« Heißt das, Siegertypen bestimmen ihr Ende selbst?

Wird Alterswürde durch den organisierbaren Tod gestützt oder geschwächt? »Würde« meint ein Gut, das unbedingt zu respektieren ist, es hat sich durch keine Leistung zu rechtfertigen. Wir Alten müssen – im Prinzip – zu gar nichts von Nutzen sein, wir sind sozusagen Selbstzweck, unsere Würde hat kein Verfallsdatum. Ich will etwas später plausibel machen, dass wir Alten, solange wir die Kraft haben, uns durchaus nützlich machen sollten – gerade damit wir hinterher so etwas »Nutzloses« wie Würde sorgloser beanspruchen dürfen. Hier stellt sich die Frage erst prinzipiell: Wie geht es absoluten Gütern unter säkularisierten Bedingungen? Sie sind nicht länger gottverordnet (was die Praxis ja selten verbesserte), nichts gilt fraglos als heilig, wir relativieren alles, auch Spitzenwerte müssen ausweisen, was sie hergeben für unseren Anspruch auf Glück. Im Zweifelsfalle entscheidet utilitaristische Ethik durch Güterabwägung, das heißt, sie fragt nicht: »Was ist gut?«, sondern: »Was tut gut?«, nach dem Pauschalkriterium: Was verschafft mehr Leuten mehr Glück? Das Urteil fällt von Fall zu Fall. Unbedingtes ist nicht Sache dieser Ethik. Sie kann nicht einmal ein generelles Folterverbot begründen; denn das Foltern eines einzelnen Terroristen könnte Dutzenden das Leben retten. Wie käme die Alterswürde durch solch ein Kosten-Nutzen-Kalkül? Bekäme sie, falls die Waage sich deutlich auf die Seite des Unglücks neigte, doch ein Verfallsdatum?

Der Autor Konstantin Küspert zeigt in seinem Theaterstück »Sterben helfen«, wohin ein solcher Relativismus führen kann. Er spielt eine Gesellschaft durch, die noch das Alter ihren Effizienz-Standards unterwirft und Selbsttötung als erwünschte Maßnahme zur Sicherung rationalistischer Planung betrachtet. Wer sich aus dem Spiel nimmt, sobald er sich nicht mehr selber helfen kann, erspart Angehörigen und der Gesellschaft Kosten und Umtriebe. Suizid ist nicht mehr umstritten, er ist selbstverständlich, von Würde spricht keiner mehr, die vielen freundlichen Kandidaten machen sich weder Gedanken darüber, noch haben sie Skrupel. Sie folgen dem gesellschaftlich eingespielten Ritual: Fällt ein Mensch dem Gemeinwesen zur Last, wird erwartet, dass er sich anständig selbst entsorgt. Wer an die Reihe kommt, organisiert eine Party, setzt in deren Verlauf den Giftinhalator an, der allen gleich in die Wiege gelegt wurde. Dramatik entsteht im Stück erst, als eine Frau mit Krebsdiagnose sich weigert, zum Gift zu greifen, sie verlangt Chemotherapie, fordert das Recht auf Schmerz und Unglück und natürliches Hinsiechen.

Wer begehrt denn noch so etwas? Ein Recht auf Schicksal, auf Kontrollverlust, auf unbeschleunigtes Hinscheiden, mit allem unappetitlichen Drum und Dran? Natürlich hat die Exit-Kultur mit der neuen Konstellation des Alters ihre Plausibilität. Das lange Leben (mit Ermüdungserscheinungen), die bezweifelte Danach-Option (macht Druck auf Hier und Jetzt), das Fanal Demenz (beschleunigt den Horror vor der Vergänglichkeit) – diese Trias erzeugt eine Mentalität, die sich so beschreiben lässt: Wir Alten wollen alles, bloß eines immer weniger: richtig alt werden. Lange leben im Selfcare-Modus – unbedingt! Das Alter aber, wie es stets normal war – mit Schwächen, Gebrechen, Ausfällen –, das kommt uns nur noch wie der Abglanz eines langen prallen Lebens vor. Eine Art Vor-Hölle, Vor-Tod. Was soll daran attraktiv sein?

Betrachte ich mein Leben ausschließlich als »mein« Leben, dann kann das selbst gewählte Ende einer nüchternen Güterabwägung als plausible Lösung erscheinen. Schluss mit einem Leben, das ins Negative zu gleiten droht. Wozu soll ich aushalten, was mir nur Verluste einträgt? Ist nur noch eine Frage des Kairos, des richtigen Momentes, nicht zu früh, vor allem nicht zu spät. Der Verstand ist schnell fertig mit solchen Fragen. Ist es auch meine Existenz? Ihr fehlt die Überheblichkeit des Verstandes, sie weiß, sie hat nicht mit sich selbst begonnen, sie entstammt dem Unverfügbaren, sie lebt von Vorgeschichten, in denen sie noch gar nicht aktiv war. Wo der Verstand schnell urteilt, erfährt sich die Existenz »dem Leben zugehörig«, fühlt sich ganz und gar nicht frei, über Leben zu entscheiden, auch nicht über das eigene. Es fehlt ihr der Überblick, die Souveränität – oder besser: Zur Souveränität gehört für sie nicht allein die Selbstbestimmung, sondern auch die Freiheit, sich bestimmen zu lassen, ein Schicksal mitzumachen, dem Unvorhersehbaren staunend zu begegnen, nicht auszuweichen.

Als existierendes Lebewesen bin ich nur begrenzt der Impresario meiner Vita, ja, ich fühle mich befangen in einem Leben, das ich nicht selber angerichtet hatte. Gleichzeitig werde ich so erst frei für das ganze Konzert eines Menschenlebens. Wogegen radikale Selbstbestimmung, diese Ambition, das eigene Leben bis zuletzt zu kontrollieren, das Programm schmälert – zu einer Lebensart, die wie Monopoly funktioniert: Solange ich Gewinne einfahre, spiele ich engagiert mit; sind nur noch Verluste in Sicht, ziehe ich mich aus dem Spiel zurück. Eine solche Mentalität würde nicht erst das Alter umwälzen, tendenziell wohl abschaffen; sie würde das Menschenleben insgesamt entdramatisieren: Statt uns im ewigen Widerstreit von Gut und Böse, von Glück und Leid zu verstricken und zu bewähren, suchten wir unser individuelles Lebenskonto mit möglichst vielen »positiven« Punkten zu füllen, mit Gewinn, Genuss, Glück. Mit den Gegenkräften – Schmerz, Verlust, Verzweiflung – büßte das Leben selbst seine Dramatik ein.

Vielleicht ist das halb so drastisch. Wir haben keine Erfahrung mit der Herrschaft über Leben und Tod. Alle Kulturen vor uns delegierten das. Mit guten Gründen, glaube ich. Doch wie gesagt, Erfahrung hat unsere Existenz damit noch kaum. Ich schon gar nicht.

Alterswürde verband sich einst mit »Altersweisheit«. Was immer man damit konkret verband, das Wort sprach für die Vorstellung: Im Alter lebt der Mensch nicht einfach weiter, solange er kann, er plant auch nicht den allmählichen Abgang, nein, im Alter verändert er sich, er beschließt sein Leben in einer reiferen Form. Mit Altersweisheit war gemeint: Erfahrungsreichtum plus Triebstille. Je älter, desto erfahrener, wissender, schlauer. Und: Je älter, desto freier von Gier, sexuell wie pekuniär. Generell freier von Lebensgier – immerhin steht der Tod schon vor der Tür.

Beides steht nicht mehr hoch im Kurs. »Erfahrung« setzen viele heute gleich mit »Wissen« oder »Kompetenzen«. Damit ist im Alter nicht wirklich zu punkten, und darum machen manche von uns sich selber klein, erzählen mit grotesker Bewunderung, wie ihre Kindergarten-Enkel sie am Handy alt aussehen lassen. Als stellte flinkes Wischen am Display alles in den Schatten, was Großeltern in Jahrzehnten erlebt, versucht, verpasst, gemeistert haben. Freilich trifft zu, dass manche Teile unserer Erfahrung umso rascher veralten, je rapider die Welt sich erneuert. Nähmen wir Erfahrung als »Lebenserfahrung«, dann sähen wir Alten hoffentlich gleich besser aus. Im Kapitel II will ich dazu ein paar Vorschläge machen.

Die »Triebstille« wiederum hat ihren Charme eingebüßt, »Sex im Alter« gerät schon fast zur Pflichtnummer, ist jedenfalls ein Dauerthema. So verliert Altersweisheit ihren Boden.

Erfahrung zählt nicht, Triebstille gilt als ungesund. Ist Alter damit nichts Besonderes mehr? Nichts als verlängertes Normalleben? Wir leben nach der Pensionierung weiter wie bisher, bloß ohne Erwerbszwang, sozusagen entpflichtet, nur noch für uns unterwegs. Aber sind 25 Jahre Ruhestand, egal wie unruhig wir ihn betreiben, eine attraktive – oder eine eher beängstigende Perspektive? Sind wir – für uns selbst, für die andern – noch irgendwie ernst zu nehmen? Eine Marktmacht sind wir zweifellos, wir haben Geld, wir wollen was erleben, wollen gut aussehen. Natürlich sind wir unentbehrlich für die Boombranche Alterspflege. Aber haben wir Alten darüber hinaus noch eine Bedeutung für die Gesellschaft? Kurz – die Sinnfrage: Geht es im Alter noch um etwas? Oder sind wir nur noch darauf aus, die nächste Runde zu überstehen, egal wie? Darf man dann noch fragen: Wozu?

Meinen Eltern stellte sich die Frage nicht. Mein Vater hatte als Schreiner jahrelang zehn Stunden täglich gearbeitet, den halben Samstag dazu; der Lohn reichte nicht, die Familie durchzubringen, nach Feierabend verwaltete er noch die regionale Krankenkasse. Die Mutter hatte mit fünfzig Gichthände, sie hatte den ganzen Haushalt für acht Personen bewältigt, inklusive Kleidernähen – alles ohne Waschmaschine, ohne Warmwasser, ohne Zentralheizung. Mit 65 waren meine Eltern abgearbeitet, sie waren alt, für sie waren die Jahre, die jetzt kamen, eine

Zeit zum Ausruhen, die Zeit, zur Ruhe zu kommen, sich einen Ausflug zu gönnen, sich zurückzulehnen, ihr Leben zu überblicken. Sie fühlten sich wohl ein bisschen wie der Schöpfergott am siebten Tag: Der jahrzehntelange Einsatz war heftig – er hat sich gelohnt, das Haus ist bestellt, die Kinder sind okay, die Enkel auch. Jetzt, im Alter, musste nichts mehr passieren, da ja alles passiert war, was von Bedeutung war. Dieses Gefühl der Genugtuung war alles, sie wollten nichts Neues, sie dachten keine Sekunde an eine Safari in Südafrika, sie erwarteten nichts mehr – außer: Zufriedenheit mit ihrem Leben. Wir luden sie gelegentlich zum Essen ein. Es gab Koteletts und Croquetten und Merlot. Es fehlte nichts. Der Kosmos ihres Lebens war geschlossen, sie waren zufrieden.

Uns fehlt heute dauernd etwas. Für uns ist Alter nicht der ausklingende Teil unserer Lebensmelodie. Durchgesetzt hat sich ein neues Musikverständnis. Wir Alten wollen keine Koda, wir erwarten einen zusätzlichen Satz in unserer Symphonie – und vor dem Finale: Da capo, da capo, da capo. Nur auf die Frage, was diese Altersmusik inhaltlich hergebe, reagieren wir verlegen. Oder ist das gar keine Frage?

Im Übergang? Es ist Endstation.
Mit paradiesischen Erwartungen

Läuft es vielleicht innerlich doch nicht so reibungslos, ohne eine Perspektive über den Tod hinaus dem Tod entgegenzuleben? Weil das Alter – ob Nachmittag, ob Abend – zur Endstation wird? Einst standen die Alten mit einem Bein schon im Reich der Ahnen. Das gab ihnen eine gewisse Würde, sicher Respekt. Mit den Ahnen wollte es keiner verderben, die waren mächtig und in der Überzahl. Unter diesen Konditionen war es recht attraktiv, alt zu werden. Als designierter Ahne verdiente Ehrfurcht auch, wer bisher nicht allzu viel taugte. Der Blick auf das nahe Lebensende schreckte mäßig, er war verbunden mit der Aussicht auf ewige Himmelsfreuden, die für irdische Miseren entschädigen würden. In dieser Perspektive spielte die Länge der irdischen Aufenthaltsfrist eine untergeordnete Rolle, Hauptsache, man starb mit guten Karten fürs Ahnenreich, also mit einem moralisch mindestens ausgeglichenen Lebenssaldo.

Weltweit trägt diese Aussicht unvermindert. In säkularisierten Wohlstandsgesellschaften der Schweiz, Deutschlands, Frankreichs lebt sie individuell fort, die kollektive Lebenshaltung prägt sie kaum noch. Zwar fühlten sich, als die Notre-Dame in Paris brannte, erstaunlich viele »ins Herz« getroffen, man sprach davon, die »Seele der Franzosen« sei verletzt, »unsere europäische Identität« gar. Dämmerte manchen, dass da etwas in Flammen stand, wozu wir gehören: unsere christliche Tradition? Sie wird sonst auffällig unbekümmert entsorgt. Gotteshäuser werden zu Event-Schuppen umfunktioniert, Kirchen durchaus auch selbst verschuldet reduziert auf sexuelle Übergriffe und Modernitätsverschlossenheit, der religiöse Kalender ist freizeitgesellschaftlich vereinnahmt, Festtage wie Ostern und Auffahrt sind in banale Freitage verwandelt, schwungvoll genutzt zu Ausfahrt, Grill, Spaß. Wer nicht auf eine Art Spiritualität verzichten will, geht häufiger ins Yoga – und grüßt mit »Karma«, als könnten wir entscheiden, was Karma gibt.

Wie man lebt, so stirbt man. Das leuchtet vermutlich allen ein. Die Transzendenz, die wir aus dem Leben drängen, wird uns am Ende nicht abholen. Vermissen wir sie? Ich setze mich gelegentlich in eine Kirche, eine leere, menschenleere. Nicht reden müssen, nicht meinen müssen, nicht glauben müssen. Nichts sein müssen. Wer kann, könnte singen. Singen, um nicht denken zu müssen. Wer singt, ist nicht bei sich. In der leeren Kirche höre ich auf, ein modernes Ich zu sein. Alles gibt mir zu bedeuten, dass hier nichts auf mich gewartet hat, nichts mit mir rechnet, dass alles längst da war, vor mir, ohne mich. Nichts ist hier für mich eingerichtet, nichts ist zweckmäßig, nicht das Licht aus den hohen farbigen Fenstern, schon gar nicht die entsetzlich unbequemen Bänke. Das alles ist gar nicht für mich. Es ist da für das Unsichtbare. Man darf es ruhig so wirken lassen, muss es nicht benennen. Es reicht für die Wahrnehmung: Es geht in meinem Leben um mehr als um mich selbst.

Ich möchte gerne wissen: Wer von uns Alten unterhält ein Verhältnis zum Unsichtbaren? Wem ist es gleichgültig? Wer vermisst es? Kann man gelassen alt werden ohne das Unsichtbare, ohne minimale metaphysische Dimension? Es ist eine Premiere, wir haben dazu keine Erfahrung. Es gilt ja fürs Leben überhaupt, nicht erst fürs Alter. Vermuten können wir immerhin: Ohne das Unsichtbare wird es anstrengend, das sieht man schon am Aufwand, der heute für Kindergeburtstage getrieben wird. Und für den 70., 80., 90. Müssen wir die Anstrengung verstärken, damit die Banalisierung nicht zum Vorschein kommt? Auch beim Alter, wenn es kalt als letzter Akt erscheint? Auch beim Tod, wenn nicht mehr gilt, wie etwa Wilhelm von Humboldt es noch sah: »Der Tod ist kein Abschnitt des Daseins, sondern nur ein Zwischenereignis, ein Übergang aus einer Form des endlichen Wesens in eine andere.«

Können wir unser Ende so gelassen betrachten wie die alten Stoiker? Sie lehrten metaphysische Resignation, das Einverständnis mit der Vergänglichkeit: Ja, wir sind die Sterblichen, für uns gibt es letztlich keine Rettung. Darum gibt es auch nichts zu fürchten, nicht den Tod, nicht ein Leben danach. »Das schauerlichste Übel also, der Tod, geht uns nichts an«, lehrte Epikur, »denn solange wir existieren, ist der Tod nicht da, und wenn der Tod da ist, existieren wir nicht mehr.« Oder neigen wir eher zu Carl Spitzweg, der listig reimt: »Oft denke ich an den Tod, den herben, / Und wie am End' ich's ausmach'?! / Ganz sanft im Schlafe möcht' ich sterben – / Und tot sein, wenn ich aufwach'!« Eben doch: Nach dem Tod erwachen, der Vorhang geht wieder auf, das Spiel weiter?

Ich gebe hier nicht den Don Camillo. Wollte ich zu einer Metaphysik oder Religion bekehren, müsste ich bei mir selber beginnen. Ich halte es bloß für naiv anzunehmen, Alter und Tod würden von selbst erleichtert, wo die metaphysische Dimension verstummt. Der Glaube aller Kulturen vor uns, es gebe noch etwas Größeres als unsren irdischen Betrieb, machte den Menschen allzu oft auch klein, machte ihn gefügig für sehr irdische Interessen der Mächtigen. Er erinnerte aber auch daran, dass es mehr Leben gibt, als wir grad leben, erinnerte an Quellen der Kraft, der Lust, des Rätsels, des Rausches, der Stille, der Schönheit. Das konnte dem Alter eine Dimension verleihen, gegen die unsere Altersausflüge banal wirken. Was haben frühere Kulturen für ihre Toten aufgewendet – Pyramiden, Mausoleen, zauberhafte Friedhöfe. Urnen brauchen weniger Platz, das erspart den Friedhofsgärtner. Noch preisgünstiger: die Asche unter dem Feigenbaum verstreuen. Wir denken an unsere nächsten Verstorbenen, hoffentlich, »Du lebst in unseren Herzen«, das steht in jeder zweiten Todesanzeige, das ist dann auch der einzige Ort, an dem sie eine Zeit lang da sind. Gesellschaftlich bedeuten sie nichts mehr. Sie sind nicht länger die große Kolonie der Unsichtbaren, durch die wir uns beobachtet und beurteilt sehen. Sie hatten ihre Zeit, jetzt sind sie passé. Jetzt sind wir dran. Sie bilden nicht – wie früher – ein Korrektiv zu uns aktuell Lebendigen. Das Gespräch mit den Toten war in allen Kulturen unentbehrlich. Wie der Dialog mit den Göttern. Die Kommunikation mit etwas Drittem, Unfassbarem, Übergeordnetem. In Verbindung bleiben mit den Abwesenden, Abgetretenen, Unsichtbaren. Zwischendurch schon da anrufen, wo wir demnächst selber sein werden. Eine Antenne für das Transzendente ausfahren.

Wir könnten sie prima gebrauchen, neigen wir doch – ohne Relativierung durch Unsichtbares – dazu, unsere eigene Sicht zu verabsolutieren. Falls wir den Glauben an eine jenseitige Vergütung irdischer Ungerechtigkeiten aufgeben, so bedeutet das keineswegs, wir verzichteten aufs Paradies – wir erwarten es hier, sogleich und üppig. Damit strapazieren wir das Alter zusätzlich. Dessen Pensum war bis vor Kurzem unspektakulär. Es sollte sich präparieren für den Übergang in jene andere Welt. Das war, je nach Lebensbilanz, begleitet von Angst und Schrecken, doch die Alten mussten sich nichts mehr beweisen. Heute machen wir, kaum vom Himmelsdruck entlastet, Druck aufs Diesseits. Es genügt nicht mehr, einigermaßen glimpflich durch die letzten Jahre zu kommen, wir erwarten Großes von ihnen: Genuss, Freiheit, Glück. Subkutan pocht in uns ein Verlangen nach permanenter Lebenssteigerung, nach Endlosigkeit für das eigene Leben. Da wir diesen Wunsch nicht mehr an eine himmlische Adresse richten, brauchen wir irdischen Ersatz.

Das Alter bietet sich dafür an. Die Jugend hat ja den Stress mit ihren Lernprogrammen, die Aktivgeneration mit Berufskarriere und Familie. Einzig das Alter läuft stressfrei, es sei denn, es macht sich den Stress selber. Es könnte zur Bühne unreglementierter Entfaltung werden. Zum innerweltlichen Paradies ist alles da: Zeit, Freiheit, Fitness, Geld. Nicht bei allen, schon gar nicht bei allen gleich. Immerhin bei vielen ausreichend. Fragt sich nur, ob wir je paradiesfähig werden. Unsere Urerfahrung mit dem Paradies endete mit der Vertreibung. Eva biss in den Apfel des Verführers, sie hatte das paradiesische Einerlei satt. Alle Tage Sonnenschein, Strand, Vollpension, das hätte Adam vielleicht durchgehalten, Eva jedoch wusste insgeheim, das war kein Leben für sie. Als die Schlange kam, zögerte sie nicht, machte Schluss mit der paradiesischen Ereignislosigkeit, sie wollte Freiheit, Leidenschaft, Drama.

Hat es sich gelohnt? Seit wir draußen am Schwitzen sind, sehnen wir uns zurück. Und sobald wir es – im Alter – kriegen, ist es uns gleich wieder zu langweilig. Wahrscheinlich wäre es ganz leicht, glücklich zu werden. Wir müssten nur am Morgen nicht gleich zum Handy greifen, sondern beispielsweise Gottfried Kellers »Abendlied« lesen. Er schrieb das Gedicht 1879, da war er 60. Für damalige Verhältnisse ist das ein Altersgedicht:

Augen, meine lieben Fensterlein,
Gebt mir schon so lange holden Schein,
Lasset freundlich Bild um Bild herein:
Einmal werdet ihr verdunkelt sein!

Fallen einst die müden Lider zu,
Löscht ihr aus, dann hat die Seele Ruh';
Tastend streift sie ab die Wanderschuh',
Legt sich auch in ihre finst're Truh'.

Noch zwei Fünklein sieht sie glimmend steh'n
Wie zwei Sternlein, innerlich zu seh'n,
Bis sie schwanken und dann auch vergeh'n,
Wie von eines Falters Flügelweh'n.

Doch noch wandl' ich auf dem Abendfeld,
Nur dem sinkenden Gestirn gesellt;
Trinkt, o Augen, was die Wimper hält,
Von dem goldnen Ueberfluß der Welt!

Trinken vom Überfluss der Welt statt allmählichem Übergehen ins Jenseits. Weltfrömmigkeit statt Himmelwärtsambitionen. Gottfried Keller sah sich als Schüler des Philosophen Ludwig Feuerbach, der die atheistische Position in ein Plädoyer für ein Fest weltlicher Sinnlichkeit drehte: Die Jenseitsvertröstung unserer Sehnsüchte saugt unsere besten Kräfte ab. Sagen wir Nein zum Leben nach dem Tod, kümmern wir uns umso intensiver um das Leben jetzt. Erst recht am Lebensabend. Jedoch nicht mit äußerer Betriebsamkeit. Umgekehrt – meine Augen sollen trinken, was die Wimper hält, Welt in sich hineinziehen, die Seele trunken machen von dem Reichtum der Bilder. So könnte das irdische Paradies für alte Seelen aussehen: angereichertes Innenleben, verinnerlichter Weltüberfluss.

Schön wär's. In Wirklichkeit ist eher Hektik ausgebrochen. »Denn wo der Glaube tausend Jahre gesessen hat«, lässt Bert Brecht Galileo Galilei in seinem Theaterstück »Leben des Galilei« sagen, »eben da sitzt jetzt der Zweifel ... Dadurch ist eine Zugluft entstanden ... Die Himmel, hat es sich herausgestellt, sind leer. Darüber ist ein fröhliches Gelächter entstanden.« Die Fröhlichkeit ist inzwischen durchzogen. Seit wir auf uns gestellt sind, sind wir rastlos unterwegs auf der Suche nach Dingen und Theorien, die unser Dasein mit Sinn erfüllen könnten. Der leere Himmel nimmt, auch wenn das Schicksal zuschlägt, keine Reklamationen entgegen. Wir sind frei – und selber schuld, wenn es uns dreckig geht. Das macht uns verletzbar, dünnhäutig. Unsere seelische Widerstandskraft sinkt von Jahr zu Jahr. Liegt es am Stress, am Druck? Psychiater wie Gregor Hasler, mit dem Autor in keiner Weise verwandt, sehen es anders: Nicht das Quantum Druck macht uns fertig. Es ist das Gefühl, für unsere Anstrengungen und Leistungen nicht angemessen belohnt zu werden – mit Sinn, nicht mit Bequemlichkeit und Sicherheit. Sinn kommt, wie gesagt, nicht aus mir, sondern aus einer »symbolischen Ordnung«.

Gottfried Kellers »Abendlied« konnte nie mehrheitsfähig werden. Es passt schlecht zur Conditio humana, die eher exzentrisch verfasst ist als intrinsisch. Entsprechend wollen die meisten Alten lieber hinaus als in sich hinein. Dafür bieten sich mindestens vier Spielvarianten an. Von ihnen handelt das nächste Kapitel: Was tun mit geschenkten 25 Jahren?

II.

Was tun mit 25 geschenkten Jahren? Permanent Urlaub? Sind wir Endverbraucher unserer Lebenschance oder Akteure einer Zukunft?

»Soweit ich sehe«, schrieb Michel de Montaigne, »haben diese Leute nur die Arme und Beine aus dem Getümmel gezogen; ihre Seele und ihr ganzes Streben sind mehr als je darin verwickelt.« Montaigne, der Meisterdenker des 16. Jahrhunderts, meinte uns, die Alten. Er konnte nicht wissen, dass wir momentan eine menschheitsgeschichtliche Premiere durchspielen, bei der wir gar nichts aus dem Getümmel ziehen, schon gar nicht die Beine: das sogenannt Dritte Alter, die goldene Phase eines unbeschwerten Daseins, gern zwischen 60 und 80 und darüber hinaus, ein wunschloses Intermezzo zwischen den Berufsjahren mit ihren Zwängen und der Endzeit mit ihren Krücken und Kränkungen.

So hatten wir es uns immer gewünscht, als das Arbeiten uns noch daran hinderte: ein Leben nach eigenem Gutdünken, lauter Tage, die ganz uns gehören, wir können ans Meer reisen oder auf den Berg wandern, Tennis spielen oder Golf, in die Oper oder ans Schwingfest, vielleicht lernen wir noch etwas, Bienenzucht oder Cello, wir wirken ehrenamtlich mit, in Vereinen, Stiftungen, wo wir halt gebraucht werden. Wir können auch jetzt nicht immer tun, was wir wollen. Doch wir können, was wir tun, ganz zu unserer Sache machen. Auch wenn der Körper allmählich abbaut, das Gedächtnis nachlässt, die Gelenke harzen – dieses Alter schmeckt nicht nach Abschied, es kann – mit etwas Glück und Geschick – eine Zeit der Erfüllung werden, eine Zeit unentfremdeten Lebens. Dank E-Bike, SBB-Halbtax und Kraftwurzel Ginseng wächst die Unternehmungslust. Und soeben ist ein jahrzehntelanger Streit entschieden: Ja, bis ins Alter bildet das Gehirn neue Nervenzellen. Pro Quadratmillimeter Gewebe reifen etwa 15 000 Nervenzellen heran, das sind, gemessen an den 87 Milliarden Hirnzellen insgesamt, nicht umwerfend viele, doch immerhin ein Zeichen dafür, dass da oben noch im Alter etwas los sein kann. Signale werden aufgenommen und verarbeitet, Erinnerungen gespeichert und verworfen. Wir können nicht klagen, es fehle uns die Infrastruktur.

Da es so ein langes und freies Alter noch nie gab, wissen wir auch nicht, wie wir es am besten nutzen und was dabei herausschaut, für uns Alte, für die Gesellschaft, für die Jungen. Wir messen das Neue an dem, was wir kennen. Von früher kennen wir: Alte, die früh tot oder körperlich ruiniert, bestenfalls zum Stillsitzen verdammt waren. Dagegen sehen wir schlicht märchenhaft aus mit unserer Gesundheit, mit unserer Lebensprognose, und glauben verständlicherweise, das Glück stelle sich bei solch generösen Bedingungen von selbst ein. Wir machen uns nicht groß Gedanken, was ein Mensch so braucht, um beherzt und interessiert am Leben teilzunehmen. Wir reden kokett vom »Unruhestand«, und denken wohl instinktiv, da wir uns selbst das Wichtigste sind, es sei jeder Tag, den wir erleben, schon ein Gewinn, auch wenn wir gar nichts erleben, Hauptsache: unversehrt. Nur manchmal dämmert dem einen und andern, dass es vielleicht kein Reingewinn ist.

Zum Beispiel Herr S., intelligent, erfolgreich, gesund. »Nach 48 Jahren in meinem Job hatte ich plötzlich das Gefühl, nichts mehr wert zu sein. Irgendwann würde ich meinen Führerschein abgeben müssen, dann mein Haus verkaufen, am Schluss auch die Gesundheit verlieren.« Die Aussicht macht ihn krank, er richtet sich mit Alkohol auf, bis die Sucht nicht zu leugnen ist. Er stürzt, verletzt sich. Ändern will er trotzdem nichts. »Wieso sollte ich mit dem Trinken aufhören? Ich bin sowieso nur noch da, um die Kläranlage zu belasten.«

Herr S. ist ein Fall aus der Studie »Sucht Schweiz«. In keiner Altersgruppe ist Alkoholismus so verbreitet wie bei den 65- bis 74-Jährigen. Jeder dritte Süchtige wird als Rentner abhängig. Manchen kommt dies schleierhaft vor: Endlich haben wir Alten die Arbeit hinter uns, die goldenen Jahre vor uns – und fallen in Depressionen, schütten uns voll mit Alkohol. Was ist da los? Eine Suchtberaterin vom »Blauen Kreuz«: »Ab einem gewissen Alter rechtfertigen die Leute ihren Konsum oft damit, dass sie gar nicht mehr funktionieren müssen. Man muss ihnen zeigen, dass sie noch viel vor sich haben.« Ach ja? Was denn? Noch ein Ausflug? Noch eine Kreuzfahrt? Herr S. könnte überall hinreisen, wenn er nicht grad stürzt, ist er körperlich okay, seine Verhältnisse sind fast luxusmäßig gut, er hat Geld – und säuft sich doch zu Tode. Denn, so sagt er, er hat keine Aufgabe mehr, er fühlt sich entbehrlich, komplett überflüssig. Für ihn ist die Aussicht auf dieses lange Leben als Pensionär ein Albtraum.

Herr S. ist kein Einzelfall. Der britische Sozialwissenschaftler Johann Hari sucht weltweit nach Ursachen und Lebensumständen von Depressionen. Sein Fazit: Depressionen entstehen meist aus dem Gefühl, »mit der Welt nicht mehr verbunden zu sein«, aus »Gefühlen des Abgeschnittenseins«: von sinnvoller Arbeit, von Kolleginnen und Kollegen. Die sogenannte Lebensqualität spielt dabei eine untergeordnete Rolle, siehe Herr S.; wenn wir uns abgehängt fühlen, wenn wir nicht mehr zum Zug kommen, nichts zu sagen haben, dann können wir auf Rosen gebettet sein und knicken doch ein, antriebslos und depressiv.

Das sieht eine Studie des Bundesamtes für Gesundheit ähnlich. Da mit dem Alter die Sinne stumpfer werden, trinken die meisten nicht, weil sie das Tignanello-Bouquet genießen, sie brauchen die 14 Volumenprozente; »Pegeltrinken« nennt man das, es ist am häufigsten verbreitet unter Männern ab 65. Der Zweck ist klar: Bewusstsein herunterdimmen, auf unempfindlich schalten, bloß keine Sinnfragen jetzt. Herr S. ist nicht auf Sinnsuche, es bringt nichts, ihn in ein verständiges Gespräch über die Schönheiten des Alters zu ziehen. Herr S. will etwas zu tun haben, er will gebraucht werden, will etwas vorhaben. Ganz praktisch. Gesprächstherapeutisch ist da nichts auszurichten. Das verstehen Therapeuten schwer, aus professionellem Selbstverständnis, aber auch weil sie meist jünger sind. Aus jüngerer Sicht geht es den Alten ja prächtig: angenehme Lebensqualität, rüstig bei Kräften, nichts mehr zu tun. Das sieht paradiesisch aus für Leute, die jeden Morgen um acht zur Arbeit antraben müssen. Wie ausgerechnet das Paradies zur Hölle wird – siehe oben: Eva, Schlange, Apfel, Drama, Out –, das erschließt sich Jüngeren nur mit Mühe. Sie sehen die kommode Lebensqualität der Alten. Ältere wie Herr S. plagt die existenzielle Frage: Wozu?

Wozu brauche ich im Alter ein Wozu? Ist nicht das Beste am Alter, dass mir das ganze Sinnfragen-Gedudel egal wird? Mit Sigmund Freuds berühmten Worten in einem Brief an Marie Bonaparte im Ohr: »Im Moment, da man nach Sinn und Wert des Lebens fragt, ist man krank, denn beides gibt es ja in objektiver Weise nicht; man hat nur eingestanden, dass man einen Vorrat von unbefriedigter Libido hat, und irgendetwas anderes muss damit vorgefallen sein, eine Art Gärung, die zur Trauer und Depression führt.« Einen Vorrat unbefriedigter Libido haben wir alle. Aber muss uns das im Alter kümmern? Nun, da wir das eh nicht mehr wettmachen können? Seit wir selber gären, sind wir frei, über das Wozu zu lachen. Carpe diem! Oder ich ersäufe die Frage. Dumm nur, dass die Frage nicht mir gehört, sie taucht auf aus unserer Lage. Diese Lage gleicht der des bekannten Vogels auf dem Leim:

> *Es sitzt ein Vogel auf dem Leim,*
> *Er flattert sehr und kann nicht heim.*
> *Ein schwarzer Kater schleicht herzu,*
> *Die Krallen scharf, die Augen gluh.*
> *Am Baum hinauf und immer höher*
> *Kommt er dem armen Vogel näher.*
>
> *Der Vogel denkt: weil das so ist*
> *Und weil mich doch der Kater frißt,*
> *So will ich keine Zeit verlieren,*
> *Will noch ein wenig quinquilieren*
> *Und lustig pfeifen wie zuvor.*
> *Der Vogel, scheint mir, hat Humor.*

Wilhelm Busch, unverkennbar. Er macht uns nichts vor: Der Kater wird uns fressen. Was macht uns die Galgenfrist attraktiv, zumindest erträglich? Lustig pfeifen wie zuvor? Braucht das Humor? Müssen wir an den Kater denken? Ist es nicht schlauer, wir konzentrieren uns aufs Pfeifen? Am besten ohne Pausen?

Was tun mit den geschenkten 25 Jahren? Es gibt keine Instanz mehr, die vorgibt, was das Alter auszeichnen soll. Wir spielen nicht mehr mit in einer übergeordneten Erzählung, in einem »Leitnarrativ«, wie man das heute nennt, also in einer »höheren« Geschichte, worin alles, was wir tun und lassen, von selbst seine Bedeutung erhält. Wir sind frei. Für Bedeutung sind wir selber zuständig. Entsprechend auch selber schuld, wenn es uns dreckig geht.

In einem Welttheater unter göttlicher Regie mitzuspielen war vermutlich nicht lustiger. Doch der Glaube, dass jede Volte des Lebens, noch die gemeinste, die brutalste, irgendwie einer höheren Absicht entspreche, entlastete die geplagte Menschenseele, stärkte ihre Widerstandskraft gerade im Alter. Paradefall Hiob: Er wurde im Alter abgestraft, krass unfair, am Ende verlor er noch seine Kinder. Wurde er depressiv, griff er zum Alkohol? Nicht die Spur, seine Resilienz hielt stand – weil er eine Adresse für Klage, für Vergütungsansprüche hatte. Bekannt ist die Adresse weiterhin, gesellschaftlich hat sie ihre Verbindlichkeit eingebüßt. In einer säkularisierten Welt muss jeder selbst irgendwie klarkommen mit seinen Ängsten und Verletzungen. Um mit Jacques Lacan zu sprechen: Keine »symbolische Ordnung« fängt sie auf. Wir sind allein mit den Endzeit-Melodien des Alters. Kein Wunder, wollen wir die Zeit bis dahin – der Kater schleicht herzu – unbedingt nutzen: so voll wie möglich packen mit Ereignissen, mit Erlebnissen. Dabei wissen wir durchaus, dass auch die üppigste Fülle nicht von selbst zur existenziellen Erfüllung gerät. Wir sind jedoch so beschäftigt mit Organisieren der Fülle, dass wir es glatt vergessen.

Was belebt unsere geschenkten Jahre? Die beliebteste Antwort: Wir reisen, bleiben auf Trab, sammeln Erlebnisse. Zweite Antwort: Wir sind Selbsterhalter, bleiben in Form, tun alles, um unsere Vergänglichkeit hinauszuschieben. Die dritte Antwort gewinnt momentan am meisten Zuspruch: Wir sind nicht die Passiv-Fraktion der Gesellschaft, wir sind zumindest die Akteure in unserem eigenen Theater, wir packen die Probleme, die das Alter bringt, selber an. Die vierte Antwort möchte ich betont in Umlauf bringen: Wir sind nicht nur Akteure auf der Nebenbühne des Alters, wir spielen mit auf der Hauptbühne, mit unserer alterserworbenen Intelligenz, einer reaktivierten Altersweisheit, die mit der Intelligenz der Jüngeren nicht konkurriert, sie vielmehr ergänzt. So könnten wir noch im Alter aktiv an einer gemeinsamen Zukunft teilnehmen, auch wenn diese Zukunft nicht mehr unsere sein wird.

1. Carpe diem. Unterwegs im Unruhestand

Wir Alten wissen, dass wir nicht mehr endlos Zeit haben. Umso dringender wird es, den Tag zu nutzen. Bloß nicht zu Hause herumsitzen. Hier läuft ja stets dasselbe, das heißt: nichts. Also ziehen wir dahin, wo etwas läuft, Hauptsache: was anderes.

Leben heißt für viele Ältere: reisen. Das Jahr gerät zum Reiseprospekt – exemplarisch der Bericht eines befreundeten Ehepaares zum Jahreswechsel: »Eine Augenoperation bremste uns Anfang Jahr heftig aus. Wir blieben also zu Hause … Eine Woche im Schnee von Klosters, ein paar Tage Paris im Frühling und eine kurze Weinreise an Ostern nach Ungarn mussten zunächst für unser Fernweh reichen. Dann aber hielt uns nichts mehr. Wir blieben vorerst in Europa, arbeiteten an unserem Projekt, alle Länder Europas besucht zu haben. In diesem Mai also Kroatien, Bosnien und Slowenien … Beim Velofahren an der Mosel, von Metz bis Koblenz … Ein 70. Geburtstag im französischen Jura … Eine Reise auf den Spuren europäischer Geschichte: immer entlang der Ostseeküste von Mecklenburg-Vorpommern durch Polen über Kalingrad bis hinauf nach Tallin, dann entlang der russischen und weißrussischen Grenze zurück nach Polen, durch Masuren nach Warschau … Ende des Sommers wieder zu Hause … Ein kurzer Abstecher ins Tessin – und dann ging es ab nach China und Vietnam …«

Da sind zwei geübte Reisende, historisch gebildet, sie buchen nicht die touristischen Trampelpfade, sie suchen sich ihre eigenen Wege, in China hatten sie schon in jüngeren Jahren gearbeitet. Reisen beleben ihre Tage, bereichern ihr Leben, steigern ihr Dasein. Es ist mehr als Urlaub, mehr als Spaß, ist nicht Ausspannen, es ist durchaus ernst. Und kommt der Arbeit nahe: »Wir arbeiteten an unserem Projekt, alle Länder Europas besucht zu haben.«

Reisen ist menschlich. Tiere reisen nicht, es sei denn, es geht ums Überleben, dann machen sie sich auf gewaltige Wege. Ist ihre Existenz einigermaßen gesichert, hängen sie lieber herum. Wir Rentner dagegen: dauernd auf Achse, obwohl nie eine irdische Existenz sicherer und feudaler war als unsere. Der Mensch, der Unterwegs-Typ. Anders als Tiere lebt er nicht drauflos, er muss sein Leben führen. Weil er nie so genau weiß, wer er ist, woher er kommt, wohin er soll. Ihm fehlt die Eindeutigkeit, er muss sich erproben, am besten im Fremden. Stubenhockertum passt nicht dazu. Reisen ist menschlich. Bewegte Existenz, abhauen, verlaufen, entdecken. Interessiert an Varianten. Angeregt durchs Fremde, Befremdende. Am Anfang aller Reiserei: die innere Unruhe, Neugier, Weltinteresse. Typisch Mensch – er hält es mit sich nicht aus.

Bereichern wir auf Reisen unser Altern? Folgen wir mehr unseren eskapistischen Antrieben als dem Fernweh? Führen wir uns wie Nomaden auf, weil wir im sesshaften Leben unsere Rolle verloren haben? Weil wir da nur noch Zuschauer sind und uns nicht wirklich unterhalten fühlen durch die Aufführungen der Jüngeren? Erspart uns Reisen, da mitzuwirken, wo wir zu Hause sind, etwas anzupacken, uns nützlich zu machen? Reisen steht im Katalog der Wertschätzung noch immer hoch oben, fast wie zu vorindustriellen Zeiten, als es noch abenteuerlich war und der Elite vorbehalten. Wer viel reist, gilt als weltoffen, als Weltbürgerin, als interessierter Zeitgenosse. Trifft das noch zu? Was bringt die Unrast? Bereichert sie uns – oder zerstreut sie uns nur? Bekannt ist Blaise Pascals apodiktischer Satz: »Alles Unglück der Menschen kommt davon her, daß sie nicht verstehn sich ruhig in einer Stube zu halten.« Das war um 1700. Mit dem Alter war es damals nicht weit her, Pascals Behauptung gibt trotzdem eine aktuelle Überlegung her: Falls wir Alten es zu Hause nicht schaffen, uns ein interessantes Leben zu gestalten, dann bringt es nichts, dauernd wegzureisen; dann liegt es an uns, nicht an der Kulisse.

Bringen wir nur uns selber in Bewegung oder lassen wir uns unentwegt bewegen?

Sören Kierkegaard macht sich lustig über »den Berufsreisenden«, der alles »beschnuppert, was andere beschnuppert haben«. Werden wir Alten nun zu Tausenden losziehen, um dieselben Impressionen und Erlebnisse zu sammeln, die schon Abertausende vor uns sammelten? Reisen in seiner touristischen Variante läuft ab wie Fernsehen, nur aufwändiger: überall vorbeischauen, ohne sich ins Geschehen verwickeln zu lassen. Wir fliegen mal nach Singapur, durchstreifen die kanadischen Wälder, Stippvisite in Barcelona, Mutigere nehmen das Motorrad durch Costa Rica, da gibt es Vulkane und seltene Tiere zum Fotografieren. Die Welt ist groß und bunt, sie bietet immer etwas Neues, und natürlich zieht es uns Alte hin zu den Neuigkeiten. Wir träumen von exotischen Regionen, wir hoffen, uns dort energetisch aufzuladen, obwohl wir natürlich wissen, dass wir nicht verjüngt zurückkehren werden, darum wählen wir die Trampelpfade oder noch sicherer die Kreuzfahrt, da kommen wir weit herum und verlassen nur selten unser schwimmendes Hotel.

Insgeheim setzen wir darauf, dass wir uns dabei selber erneuern. Selbsterneuerung wäre großartig. Dumm nur, wir müssten auch etwas fahren lassen, das bisher zu uns gehörte. Das scheint hingegen schwierig. Ich sehe, wie 75-Jährige stets auf dem Sprung irgendwohin sind, sie schauen sich dies und jenes an, kommen zurück, manchmal gibt es was zu erzählen von einer rüden Bedienung im Restaurant. Bald ziehen sie wieder los, nicht um irgendwo anzukommen, nur um da und dort vorbeizuschauen, nie bleiben sie hängen, nie verlieren sie sich, nie verfahren sie sich, sie kehren fahrplanmäßig zurück, akkurat so, wie sie ausgezogen waren. Nicht dass sie es zu Hause nicht aushielten, sie finden es ganz famos in der Schweiz, nirgends ist das Leben sicherer, die Politik stabiler, die Rente höher. Heimatliche Feiertage bleiben Fixpunkte im Reisekalender, also nichts von »Bloß weg hier!«, eher umgekehrt: Weil hier alles so geordnet läuft, lockt der Tapetenwechsel. Vitalisierung durch Abwechslung der Kulissen. Von uns selbst erwarten wir nichts Neues. Wir sind, wie wir geworden sind.

Ist Reisen vielleicht die falsche Disziplin für Alte? Passt das Unterwegssein eher für Junge? Siehe Goethes italienische Reise. 1786 war er, 37, nach Italien aufgebrochen, Europas berühmtester Dichter, studierter Jurist, Minister in Weimar. Nach zehn Jahren Bürokratie und Hofleben fühlte er sich leer; ausgebrannt, würden wir heute sagen. Seine Liebe zu Charlotte von Stein blieb platonisch. Seine Reise hatte wenig mit dem zu tun, was wir heute Urlaub nennen, es war die Suche nach der verlorenen Sinnlichkeit. Sehnsucht nach Verwandlung. In Trient schon beobachtete er Symptome seines Wandels: »eine ganz andere Elastizität des Geistes ... die Sonne scheint heiß, und man glaubt wieder einmal an einen Gott.« Nach zwei Monaten trifft er in Rom ein. Ich erlebte »eine wahre Wiedergeburt, von dem Tage, da ich Rom betrat.« Goethe zieht in eine Künstler-WG ein, verwandelt sich unter dem Decknamen Johann Philipp Möller in einen Malergesellen. Schwärmt durch die Nächte, dichtet, zeichnet, zecht – und liebt, endlich nicht länger nur platonisch. Schluss mit dem Weimarer Etepetete. Darauf die entscheidende Erfahrung: »Ob ich gleich noch immer derselbe bin, so mein' ich bis auf's innerste Knochenmark verändert zu sein.«

Großartig. Bis ins innerste Knochenmark verändert. Der Traum für uns Alte, die wir zwangsläufig etwas verknöchert sind. Reisen als Metamorphose: unsere alt gewordene Selbstbesoffenheit loswerden. Eintauchen ins sinnliche Leben. Uns verlieren und verausgaben und verlieben, nicht irgendwo nur eine Stippvisite absolvieren. Ernst machen mit dem fremden Spiel, als Akteur, nicht bloß als Voyeur. Uns riskieren und verführen lassen. In einem Stück mitspielen, das nicht von mir stammt. Ist diese Art zu reisen noch möglich? Im Prinzip schon. Konkret wäre es uns zu riskant. Knochenmarkveränderung? Oh, Gott, wie kommen wir da heil heraus? Es muss nicht sein. Doch wozu dann die Reiserei? Wenn sie doch nur Abwechslung im äußeren Bilderbogen bringt, kein neues Leben in uns drin?

Zumal dem industrialisierten Tourismus zwei hartnäckige Widersacher erwachsen. Sie könnten Reisen als

Hauptattraktion für 25 geschenkte Jahre bald madig machen: objektiv der Dichtestress, subjektiv das Déjà-vu. Zunächst der Dichtestress. Es ist ärgerlich, doch zwingend: Hört ein Gut auf, elitär zu sein, verliert es seinen Glanz. Touristisch beginnt das schon beim Abflug. Ist nicht lange her, da flog nur die Oberklasse. Und wie. In den 1960er-Jahren roch Fliegen nach Fortschritt, Luxus, Zukunft. Es gab Champagner, Hummer, Fasan, Rinderlende, danach sechs Sorten Whisky, Zigarren. Heute ist die Fliegerei demokratisiert, verbilligt, banalisiert. Massiver Dichtestress. Aggression statt Luxus. Stützstrümpfe statt Zigarren. Und wo immer wir landen: ziemlich verstopft, die Gegend. Ich denke nicht nur an Venedig, Barcelona, Dubrovnik. Sehnsuchtsorte in aller Welt entwickeln sich nach der ambivalenten Logik: Urlauber suchen authentische Erlebnisse – und zerstören, wonach sie sich sehnen. Zum Beispiel das Berggasthaus Aescher im Schweizer Alpstein-Gebiet: 2015 zierte es das Titelbild des »National Geographic« – und zog Touristen aus allen Himmelsrichtungen an, bis die Wirtsleute kapitulierten. Zum Beispiel »Super Bloom«, Kalifornien: Im April erblühen ganze Landstriche von Mohnblumen, Tausende Touristen durchstapfen sie nach den besten Fotoplätzen, legen sich für Selfies aufs Feld, in kurzer Zeit ist alles zertrampelt. Zum Beispiel »The Beach«, der Strand, an dem der Aussteiger-Film mit Leonardo DiCaprio gedreht wurde. Seither wird Maya Bay von Boots-Touristen überrannt, die Korallenriffe haben den Ansturm von Tauchern, Abwasser und Müll nicht überstanden.

Der sogenannte Overtourism wächst. 1,5 Milliarden Menschen reisen mittlerweile um die Welt. Das ist nach wie vor eine Minderheit der Weltbevölkerung. Es wird also zunehmend dichter werden. Auch in Schwellenländern gehört Reisen zum Lifestyle der Mittelklasse. Wer viel reist, wird als weltoffen angeschaut, und nicht etwa, wer viele Bücher gelesen hat. Noch immer finden wir in Lokalblättern Glückwünsche für eine 95-Jährige mit dem bewundernden Hinweis, sie sei eben nach Japan gereist. Als wäre Tourismus nicht zu einem ganz gewöhnlichen Konsumgut verkommen.

Verstopfte Sehnsuchtsorte, Déjà-vu-Effekte:
Unsere Träume brauchen neue Routen.

Müssen wir Älteren einen neuen Zeitvertreib erfinden? Axel Hacke, Kolumnist im Magazin der »Süddeutschen Zeitung«, lancierte eine Idee zur Rationierung des Reisens: Gegen Dichtestress helfe nur Qualifizierung. Er hatte gelesen, auf der Internetseite des norwegischen Rundfunks dürfe Artikel nur kommentieren, wer zuvor den Fragebogen ausgefüllt und dabei nachgewiesen habe, dass er den Text verstanden habe. Hacke überträgt diese Methode auf touristische Umschlagplätze, zum Beispiel auf große Museen: »Bevor man überhaupt ein Ticket erwerben darf, müsste man den Besuch eines mindestens zweistündigen Seminars über Botticelli nachweisen. Wer den anschließenden Test nicht besteht, kann sich maximal in der Museumsboutique ein wenig umsehen; bei besonders schlechten Noten könnte es sein, dass er in ein stillgelegtes Ferien-Resort in der Türkei abgeschoben wird.« Der Vorschlag trifft den Kern der Misere. Der anschwellende Tourismus erstickt Museen nicht nur räumlich, er ruiniert die Atmosphäre. Es stehen da nicht nur zu viele Leute herum, es stören massenhaft Gelangweilte und Ignoranten, die nichts im Kopf haben als ihr Selfie mit Botticellis »Geburt der Venus«. Dennoch dürfte sich Hackes Vorschlag kaum durchsetzen – und falls, riefen ausgerechnet Senioren-Organisationen wohl zum Protest auf. Wegen Diffamierung!

So stehen wir mit der Frage »Was tun mit geschenkten 25 Jahren?« wieder am Anfang. Empfehlen sich unspektakuläre Routen als Ausweg? Etwa der Jakobsweg? Er ist selber ein Fall für Dichtestress. Noch 1978 verloren sich ganze dreizehn Wanderer auf dem Pilgerweg nach Santiago di Compostela, 2007 waren es 120 000. Auch weil inzwischen Hape Kerkeling unterwegs war, der begnadete Komiker, der darüber sein Buch »Ich bin dann mal weg« schrieb. Unterdessen ist der Pilgerweg überschwemmt, 2017 zogen 320 000 über ihn hinweg.

Zur objektiven Verstopfung hinzu kommt ein subjektiver Widersacher, der am Glanz des Reisens kratzt: das Déjà-vu, auch bekannt als Gesetz vom sinkenden Grenznutzen. Es lässt sich selten aushebeln, einzig durch Leidenschaft, durch eine Liebe, die nie genug kriegt. In allen andern Fällen gilt, was wir täglich erfahren: Das erste Bier schmeckt klar besser als das fünfte. Gilt auch für Empfindungen und Erlebnisse anderer Art. Als meine Eltern 65 wurden, waren sie noch nie im Ausland; ein Ausflug an den Sempachersee machte sie selig. Wer heute 50 wird, war längst überall. Mit der Easy-Jet-Generation wird das noch krasser. Mir erzählte ein Freund, seine Kinder hätten sich beklagt, in ihren Schulklassen seien sie die Einzigen, die erst auf einem fremden Kontinent Urlaub machten.

Was machen wir nun mit unseren Altersjahren? Die begehrten Routen zusätzlich verstopfen, den Appetit auf Neues raffinierter reizen? Irgendwann werden wir uns fragen, ob das Prinzip Neugier die Lücken des Alters wirklich schlau füllt – oder nur pittoresk übertüncht. Neugier ist ein toller Lebensquell, in dynamischen Gesellschaften wie Lebensetappen. Jedoch im Alter? Neugier statt Altersweisheit? Wohin soll sie uns dann noch bringen? Bei Jüngeren ist es klar: in eine Zukunft. Bei uns: weg von der Gegenwart. Ist es so unerträglich, einfach da zu sein? Shakespeare lässt seinen Heinrich IV. dazu dies sagen: Die »armen Missvergnügten, welche gaffen / Und die Ellbogen reiben, auf die Nachricht / Von Neuerung, die drauf und drunter geht.« Neugier kommt hier nicht als Erneuerung ins Spiel, eher als Folge einer Mentalität, der die Kraft zur Gegenwart fehlt. Sie zieht stets weg zum Neuen, erzeugt, was Shakespeare »hurlyburly« nennt, Tumult statt Konstanz, Wirrwarr statt Kontinuität. Welche Sorte Mensch will das? Die »armen Missvergnügten«. Sie »reiben die Ellbogen« danach, weil sie unfähig sind, sich nützlich und unterhaltsam zu machen, wo sie grad leben. Es fehlt die Fantasie, im Alltag das Poetische zu sehen, es fehlt die Tatkraft, das eigene Leben zu bereichern, es fehlt der Humor, im Augenblick vergnügt zu sein. Missvergnügt schielen sie über den Tellerrand hinaus, Hauptsache, auf etwas anderes. Ist dieses andere erreicht, wissen sie auch mit ihm wenig anzufangen, und suchen erneut etwas Neues. So deutet die Sucht nach Abwechslung auf einen armen Geist, der immer neue Kulissen braucht, daraus aber für sein kleines Heimtheater dann doch keinen Profit zu ziehen vermag.

Treibt uns die Langeweile von Kulisse zu Kulisse? Nichts gegen Langeweile, die große Antreiberin. Vermutlich begann Zivilisation, als unsere Vorfahren eines Tages genug Fleischvorrat lagerten, sie hatten nichts zu tun, lagen draußen vor der Höhle, blinzelten in die Sonne, kratzten sich die Flöhe aus dem Haar, balgten sich – bis einer fragte: Was nun? Sind wir Alten in gleicher Lage? Kommen zurück von der Wanderwoche im Jura, machen es uns zu Hause gemütlich, mit Grill-Abend am Samstag, »Tatort« am Sonntag, bis die Langweile durchdrückt: Was nun – Kroatien oder Lissabon?

Neugierig ziehen wir umher.
Im Staunen öffnet sich die Welt.

Wird das Alter zur Aufgabe, Langeweile durch Reiserouten zu strukturieren? Friedrich Nietzsche schlug vor, Langeweile als »jene unangenehme ›Windstille‹ der Seele« zu schätzen, »welche der glücklichen Fahrt und den lustigen Winden vorangeht«. Somit wäre Langeweile nicht bloß die Pause zwischen zwei Ausflügen, eher der stille Anfang einer beglückenden Wende, höchste Konzentration, darum »unangenehm«, Justierung der Sinne, Präparation der Einstellung – aber nicht einfach für den seriell nächsten Ausflug, sondern für die »glückliche Fahrt«. Dabei käme vielleicht zum Vorschein, dass diese glückliche Fahrt eine ganz andere Richtung nähme als nach draußen, nicht noch einmal nach Südafrika oder Schottland. Sie könnte daheim allerlei in Bewegung bringen, den Kirschlorbeer beseitigen, Blumen pflanzen, die Quartierbeiz beleben, eine Lesegruppe organisieren, die Kirchgemeinde durchrütteln. Oder auf innere Reisen gehen, mit Literatur, Kunst, Wissenschaft.

Vielleicht gäbe diese Langeweile uns Anlass, grundsätzlich umzudenken: Taugt Neugier überhaupt als Motivatorin im Alter? Wäre es nicht Zeit, sie durch das Staunen abzulösen? Neugier treibt um. Staunen erfüllt. Neugier richtet sich auf dies und jenes. Staunen richtet sich auf Möglichkeiten. Neugier will dahin, dorthin. Staunen vertieft, was ist.

»Eine Kuh glotzt, aber der Mensch kann der Welt staunend und fragend begegnen, weil er eine Vernunft hat und weil er die Freiheit hat, sich zu entscheiden. Vielleicht entscheidet er nicht, aber er könnte entscheiden. In der Folge ist er auch verantwortlich, wie er entscheidet.« Das stammt von der Schweizer Philosophin Jeanne Hersch, sie publizierte 1981 »Das philosophische Staunen«. Jeanne Hersch sieht den Menschen als »belehrbares Wesen«, »être docile« auf Französisch. Belehrbar sind wir nicht als Behälter, in die andere Informationen und Erklärungen abfüllen. Belehrbar sein heißt, »eine empfängliche Aktivität entfalten können«. Staunen ist schöpferische Selbstbelehrung. Staunend ziehe ich nicht umher, ich öffne die Dinge für Befragung und Deutung. Staunen weitet den Horizont, erlaubt ein Spiel mit Hypothesen, bringt mich auf die glückliche Fahrt mit lustigen Winden.

Für all dies muss ich nirgendwohin. Mit Staunen kann ich jederzeit beginnen, ich kann zum Himmel schauen, mich erinnern, dass es allein in unserer Galaxie Milliarden Sterne gibt, dass sie seit dem Big Bang, also seit knapp vierzehn Milliarden Jahren, in Lichtgeschwindigkeit auseinanderstieben, dass da draußen noch weitere Milliarden Galaxien auseinanderrasen, ich kann lachen über die zauberhafte Vorstellung, diese grandiose Unendlichkeit in Raum und Zeit sei hauptsächlich zur Illumination der Nächte unseres Erdenlebens veranstaltet, ich kann meine Position in diesem unfasslichen Spektakel betrachten, ein Winzling auf dem blauen Planeten, der mit 108 000 Kilometern pro Stunde durchs All saust. Ist das nicht ungeheuer spannend, geradezu aufregend, zumal wir zu diesem kosmischen Spektakel gehören? Körperlich bestehen wir überwiegend aus Wasserstoff, dessen Atome kurz nach dem Urknall entstanden – ein beträchtlicher Teil unseres Körpers ist demnach 13,7 Milliarden Jahre alt! Der Sauerstoff und die übrigen Atome in uns wurden ein paar Milliarden Jahre später in den nuklearen Glutöfen der Sterne geschmiedet, sie stammen von Tausenden verschiedener Sterne aus der gesamten Galaxie – unser Körper besteht der Masse nach zu 90 Prozent aus Sternenstaub!

So etwas bringt zum Staunen. Gibt zu denken, über kosmische Unendlichkeit, über Sinn oder Zufall – und unsere Rolle darin, unseren Part als leibhafte Fragezeichen im Universum. Staunen statt Neugier. Ankommen in der bunten Wirklichkeit statt abfahren. Anschauungsreichtum statt Erlebnisquanten. Im Staunen lachen wir über unsere Ich-Faszination. Staunend rücken wir die Verhältnisse zurecht: Mein Ich – nicht Zentrum der Welt – nimmt teil am Großen. Gelingt so Alter?

2. Bis(s) zum Ende. Im Endlosigkeitstraum

»Nur eine kleine Minderheit wünscht sich im Alter, ein tugendhaftes Leben geführt zu haben«, sagte Margarete Mitscherlich, die große alte Dame der deutschen Psychoanalyse, als sie über 90 war. »Ich wünschte, ich hätte mehr gesündigt.«

Für sie hieß Sündigen: Auf den Konformitätswahn pfeifen. Das verordnete Selbsterhaltungskalkül aushebeln. Uns ans Leben verlieren – statt uns ängstlich daran zu klammern. Leidenschaften nachgeben, solange sie drängen – auch wenn die wohl austarierte Balance von Sinnlichkeit und Vernunft durcheinandergerät. Die Wachposten vor der Seele abziehen, es ist im Alter zu komisch, auf Unverwundbarkeit Wert zu legen, wir sind schließlich keine Kämpfer mehr wie Odysseus, der sich an den Schiffsmasten binden ließ, um den süßen Gesang der Sirenen zu hören, ohne ihm zu erliegen.

Sündigen meint, das Ich verschwenden, solange es etwas zu verschwenden hat, mal aus der Rolle fallen, auch ohne Sicherheitsnetz. Sich nicht in jeder Lage im Griff haben. Über die Schnur hauen. Ausbrechen aus unseren »Altersheimen«, in denen wir uns lange vor dem Umzug ins Pflegeheim »gemütlich« eingerichtet haben.

Das Kino feiert renitente Alte gern und erfolgreich. Siehe »Die Herbstzeitlosen«, siehe »Der Hundertjährige, der aus dem Fenster stieg und verschwand«, siehe »The Old Man & the Gun« mit Robert Redford. Überall erfreuen wir uns am Lebenstrotz von Alten, die lieber in krummen Geschichten mitmischen, als dauernd Enkel zu hüten und den Hund auszuführen, bloß um schließlich fürsorgerisch abgeschoben zu werden.

Geht das auch im realen Altersleben auf: Mehr sündigen statt schonen, mehr Leidenschaft, mehr Risiko, mehr Intensität? Gegen Ende haben wir nur noch den Film mit unseren persönlichen Geschichten. Dann kommt es aus: Gibt der Film etwas her an Spannung, an Passion und Komik? Oder ist im Rückblick das Bemerkenswerteste, dass wir durchgeschlüpft und davongekommen sind, froh, den Versuchungen widersagt zu haben, um im Schongang noch manche Runde zu schaffen? Das doch lieber nicht, werden die meisten sagen. Also zeitig sündigen statt entsagen? Aber gern, werden die meisten von uns Alten versichern. Schließlich sind wir – frei von metaphysischer Überwachung – alle Hedonisten geworden, wir haben nichts als diese unsere Frist, darüber hinaus gibt es nichts zu fürchten, nichts zu erwarten. Der durchschnittliche Mitteleuropäer ist ganz auf den Menschen gekommen, da sehe ich kaum noch einen Unterschied zwischen Alt und Jung, nichts hat für ihn eine vergleichbare Bedeutung wie er selbst. Er lebt als Endverbraucher seiner Lebenschance. Nur zu denn mit Sündigen, wenn es belebt! Und falls wir uns ein Risiko einhandeln, wovor uns Ratgeber und Bundesämter für Gesundheit unermüdlich warnen, kann ich nur sagen – auch gut, so könnten wir dereinst eher etwas haben, woran wir sterben können.

Die Angst vor dem eigenen Verschwinden vertreibt das Sündigen.

Klingt attraktiv, bleibt jedoch reine Theorie. So reden wir zwischendurch gern, sind uns aber in Wirklichkeit doch zu kostbar, zu schade fürs Risiko. In der Praxis rennen wir von einer Vorsorgeuntersuchung zur nächsten. Obwohl auch die allerneueste Medizin von den Ursachen der meisten Krankheiten herzlich wenig Ahnung hat, glauben wir, wir könnten das Schicksal bannen, wenn wir uns fleißig spiegeln und röntgen lassen. Selbst wer skeptisch ist, will sich später nicht vorwerfen, nicht alles unternommen zu haben. Was wollten wir auch antworten, würde uns einer fragen, warum wir dies oder das nicht rechtzeitig getan hätten? Darum beginnen wir schon morgens im Bad. Was ist mit diesem Hautfleck, sollte ich den nicht endlich meiner Ärztin zeigen? Wieder ein Kilo mehr – zu wenig gerannt, zu viel Whisky getrunken. Wir leben unter der Selbstanklage, zu wenig getan zu haben, uns zu lasch im Griff zu haben. Das Rauchen haben wir uns zwar abgewöhnt, fettes Essen sowieso, die 10 000 Schritte täglich sind Pflicht, Yoga selbstverständlich – und doch werden wir nicht richtig froh. Logisch, sich im Griff zu haben ist für manches gut, fröhlich stimmt es nie. Wir aber glauben weiter an die Selbstformung des Menschen. Dass Gesundheit weitgehend Glückssache ist, wollen wir nicht gelten lassen, das passt nicht zu uns alten Selbstbestimmern. Wir müssen doch etwas tun können, wir dürfen uns nicht gehen lassen, schließlich sind wir uns das Kostbarste auf der Welt, und das will unter allen Umständen erhalten, notfalls zu jedem Preis gerettet sein.

»Gesundheit?«, höhnte Theodor W. Adorno. »Was nützt einem Gesundheit, wenn man ein Idiot ist?« Hier irrte der scharfsinnige Philosoph. Vermutlich müssen gerade Idioten gesund sein. Es trifft sich, dass der »Idiot« in seiner klassisch griechischen Version den »Privatier« bezeichnet, einen Menschenschlag, der sich einzig um sich kümmert, der nichts kennt als sich selbst, der folglich unbedingt gesund bleiben muss, weil sonst ja nicht nur er einbräche, sondern mit ihm seine komplette Welt.

Hauptsache, man ist gesund. Die Redensart wird zur bitterernsten Lebensmaxime. Bis vor Kurzem war die Hauptsache, man hatte genug zu essen oder war verliebt oder wenigstens angefressen von einer Idee, oder man baute eine prachtvolle Kathedrale, selbst wenn dabei ein paar Dutzend Männer zu Tode stürzten. Heute rennen wir, unterbeschäftigt und sozialstaatlich abgesichert, unserem kleinen individuellen Glück nach. Mit mäßigem Erfolg.

Mit dem Glück verhält es sich ähnlich wie mit Gesundheit. Wer es direkt verfolgt, verpasst es am sichersten. Glück stellt sich nebenher ein, wenn wir mit Enkeln durch den Garten rennen, Musik machen, uns gegen einen Missstand wehren, mit Freunden vergnügt drauflosreden. Das Glück selbst ist kein Thema – außer vielleicht für die, die noch nicht gemerkt haben, dass sie kurz vor der Scheidung stehen. Ähnlich die Gesundheit. »Die ständige Sorge um Gesundheit ist auch eine Krankheit«, wusste bereits Plato. Gesundheit ist – wie Glück – keine Sache für sich, eher Begleiterscheinung einer bestimmten Art zu leben. Wenn schon, müssten wir uns ums kräftige Leben sorgen, statt über den »achtsamen Umgang mit den eigenen Ressourcen« zu sinnieren, wozu wir an unzähligen Tagungen aufgefordert werden. Der Mensch ist kein fixes Reservoir an Kräften noch eine Batterie mit festen Energiequanten, die absehbar erschöpft sind. Wir ähneln eher dem Dynamo, der sich energetisch auflädt, während wir uns verausgaben – vorausgesetzt, wir verschwenden uns an etwas, das uns erfreut, das uns wichtig ist, jedenfalls wichtiger ist als unser Ich. Ob wir dann zwischendurch Äpfel essen oder Schokoriegel, ist nicht halb so dramatisch, wie Gesundheitsprofis uns einreden wollen. Entscheidend ist, dass wir motiviert, engagiert, inspiriert unterwegs sind, uns nicht in uns drinnen wundlaufen.

Das gilt nicht speziell für Ältere. Es wirkt im Alter nur besonders fragwürdig, wenn wir uns körperlich hätscheln und schonen und drillen, als wüssten wir nicht, dass sogar wir demnächst zerfallen. Es wird skurril, wenn wir uns medizinisch so humorlos warten und reparieren, als wären wir ein biochemischer Apparat. Unser »Apparat« lebt ganz altmodisch von einer »Seele«, die beherzt ist und lachen kann, selbst noch über die Wackeligkeiten unserer Alterskonstitution. Dass Lachen gesünder ist als stete Gesundheitssorge, sagt nüchterne Wissenschaft, nicht esoterischer Glaube. Zum Beispiel verordneten Endokrinologen ihren zuckerkranken Patienten eine Dosis Lachen. Die Hälfte der Testpersonen bekam täglich einen amüsanten Film vorgespielt, die andere Hälfte musste mit den normalen Freuden des Alltags auskommen. Der Effekt nach sechs Monaten: Bei lachenden Patienten stieg das sogenannte gute Cholesterin (HDL) um ein Viertel, die Stresshormone Adrenalin und Noradrenalin gingen zurück, der Entzündungsmarker sank um die Hälfte – stets gemessen an der Vergleichsgruppe ohne Humoranimation.

Ich war einmal eingeladen, eine Tagung »Special Care in der Zahnmedizin« zu eröffnen, Thema: Dentalmedizin für Alte, konkret die sogenannte 80/20-Norm:

Ein Mensch mit 80 soll Anspruch auf mindestens 20 gesunde Zähne haben. Mein Titel: »Bis(s) zum Ende?« Ich fragte: Rechnet die Dentalbranche damit, dass wir alle – einmal über 80 – immerzu zu beißen und zu kauen haben werden? Und wollen? Müssen unsere Zähne am Ende zwingend unseren Geist überleben? Wäre es nicht tröstlicher, mit unserer Vergänglichkeit stufenweise in Kontakt zu kommen statt am Idealbild vital zubeißender 80-Jähriger zu hängen? Mir fiel der Witz ein, den der Regisseur Billy Wilder zum Besten gab, als er 90 wurde: »Ein Mann geht zum Arzt. – Der Arzt: Was fehlt Ihnen? – Ich kann nicht mehr pinkeln. – Arzt: Wie alt sind Sie? – 90. – Arzt: Dann haben Sie genug gepinkelt.«

So dürfen heute bestenfalls 90-Jährige reden. Bis dahin wollen wir uns das unternehmungslustige Leben nicht madig machen lassen. Höchstens dosieren wir ein bisschen, falls wir klug sind – am besten wie Artur Rubinstein, der Pianist. Auf die Frage, wie er es schaffe, noch mit 85 so herausragende Konzerte hinzulegen, nannte er drei Rezepte: Erstens spiele er weniger Stücke – die Kunst, sich zu beschränken. Zweitens übe er diese Stücke umso intensiver – die Kunst zu optimieren. Drittens spiele er langsame Sätze so langsam, dass dann die schnellen viel schneller wirkten, als er sie noch spielen könnte – die Kunst, Schwächen zu kompensieren. Ein sagenhaftes Alterskonzept. Weniger, dafür intensiver, Ausfälle listig kompensierend. Ließe sich das nicht auf nahezu alle Tätigkeiten übertragen – sogar auf den Gebrauch des abgenutzten Gebisses? Weniger Zähne, die aber gezielt eingesetzt. Langsamer kauen, dafür den Geschmack der einzelnen Speise wahrnehmen. Genuss statt Tempo und Effizienz. Not zur Tugend machen. Scheint jedoch ein Rezept für Pianisten zu bleiben. Der Zeitgeist hält sich ans Optimum: 20 super Zähne mit 80, das ist jetzt Standard. Ich stelle mir vor: Ich im Altersheim, 87, heiter vertrottelt, bemüht um eine tolle 82-Jährige. Die findet mich nicht übel, doch sie will, bevor sie schwach wird, erst meine Zähne zählen. So wirken offizielle Standards hinein ins höchst intime Leben alter Leute.

An der Tagung war zu sehen, wie Medizin sich nicht nur um unsere Defizite kümmert; sie modelliert nebenher auch am neuen Bild des approbierten Alten. In der Einladung stand: »Mund und Zähne sind ein wichtiger Teil unseres Selbstbildes mit hoher sozialer Signalwirkung. Zwischenmenschliche Kontakte, Lächeln und gemeinsame Mahlzeiten können nur genussvoll und als Lebensgewinn erlebt werden, wenn sich der ältere und alte Mensch nicht schämen muss, weil der Zustand seiner Zähne desolat ist, das Essen Schwierigkeiten bereitet oder er das Gefühl hat, dass er andere durch seinen Mundgeruch belästigt ...« Alles zweifellos richtig und fraglos gut gemeint. Die Angebote der Dentalmedizin sind uns willkommen. Es ist nicht lange her, da war es normal, sich zahnlos durchs spätere Leben zu schleppen. Goethe genierte sich zeit seines Lebens wegen einer Zahnlücke vorne rechts. Carl Friedrich Gauss, dem Mathematikgenie, zog der Bader versehentlich ein paar gesunde Zähne, bevor die entzündeten drankamen. Noch Thomas Mann, der Großdichter, lebte in panischer Angst vor dem Ausfall seiner Zähne – man lese wieder einmal seinen Roman »Buddenbrocks«, da nimmt die illustre Lübecker Unternehmer-Dynastie ein schlimmes Ende, weil der letzte Spross, der die Firma noch erfolgreich führte, die damalige Medizin mit seinen Zahnproblemen überfordert und stirbt.

Bleibt die Frage, für welchen Beigeschmack des Alters wir uns schämen sollten. Und ab wann ungefähr wir damit wieder aufhören dürfen. Und wer solche Schamgrenzen eigentlich bestimmt. Ich zum Beispiel schaue nun wirklich aus wie 75, das sehe sogar ich selber. Dennoch höre ich stereotyp: »75? Sieht man Ihnen aber gar nicht an.« Ist als Kompliment gedacht. Ich reagiere darauf ähnlich wie Bertolt Brechts Herr Keuner: »Ein Mann, der Herrn K. lange nicht gesehen hatte, begrüßte ihn mit den Worten: ›Sie haben sich gar nicht verändert.‹ – ›Oh!‹, sagte Herr K. und erbleichte.«

Schlimm ist die Glatze, nicht der Tod.
Schlimm sind die Vorboten der Vergänglichkeit.

Da hat man sich kräftig durchs Leben gelebt – und nun will es einem keiner ansehen? Was für ein verdrehtes Bild vom Alten spielt denn da mit? Ich höre im Kompliment auch die Affirmation: Glückwunsch, Herr Hasler, Sie wirken gar nicht abgewrackt, wir sind erleichtert, anders würde es brenzlig mit der Zusammenarbeit, Sie verstehen, wer will denn einen alten Grottenmolch auf der Bühne sehen? Ein Alter dürfen wir haben, doch bitte nicht alt aussehen. Weil sonst die Vergänglichkeit sichtbar wird, und die stört. In der Zahnlücke sitzt der Tod, also bitte schließt die Zahnreihe, macht sie dicht, wir wollen nun wirklich niemandem beim Serbeln zusehen.

»Fürchten Sie sich vor dem Tod?«, wurde Franz Beckenbauer gefragt. Der einstige »Kaiser« der deutschen Fußballwelt: »Ne, vor dem Tod hab ich keine Angst, ich fürchte mich nur vor der Glatze.« Ein klasse Spruch, typisch für die momentane Mehrheitsstimmung zum Thema Vergänglichkeit. Keine Angst vor dem Ende (das ist grad noch nicht akut), jedoch eine subkutane Panik vor der Endlichkeit. Dass einmal Schluss ist, lässt sich schlecht leugnen, ignorieren schon. Dass aber der dereinstige Schluss sich ankündigt durch allerlei heimtückisch schleichende Ausfälle – Haarausfall, Hautverfaltung, Libidoabfall – das schreckt uns. Udo Jürgens mochte noch so ultimativ verkünden, mit 66 fange das Leben erst an, so richtig lustig zu werden – für die meisten gilt: Unser Körper wird klapprig, bevor die Unternehmungslust erlahmt. Ein lästiger Zwiespalt, den nur die Medizin kitten kann. Kitten muss, wir verstehen da wenig Spaß. Die Intaktheit von Haut und Haar und Zahn, ein Menschenrecht. Diese Stimmungslage wittert Beckenbauer präzis. Er bringt – in Zeiten metaphysischer Obdachlosigkeit – unser Alterungsproblem auf den Punkt: Schlimm ist die Glatze, nicht der Tod. Die schleichende Vergänglichkeit macht uns fertig, nicht das Ende.

Mit dieser Einstellung wird das Alter anstrengend. Der Flirt mit der Unendlichkeit gerät zum Kampf gegen den Zerfall. Die Medizin tut, was sie kann. Traditionell als Heilkunst zur Therapie von Krankheiten verstanden, wird sie – als Optimierungsmedizin – zuständig für Lifestyle, spezialisiert auf Abwehr oder Retouche der Vorboten der Endlichkeit. Da wir Endlosigkeitsträumer lange auf Trab bleiben wollen, brauchen wir funktionierende Gelenke, zum Wandern, Walken, Schneeschuhlaufen. Dabei wollen wir proper aussehen, doch die Zeit zieht ihre Spuren auch auf der Haut. Die Sonne, die Rackerei, die Ausschweifungen, die Kränkungen. Reparaturchirurgie und Dermatologie werden zu ersten Adressen gerontologischer Wunscherfüllung. Neue Hüfte, neues Kniegelenk, Peelings für Hautverjüngung, Lasertherapie, Falten aufspritzen, Anti-Aging-Medicine. Ein Symptom von Dekadenz? Ach, der Wunsch nach Verjüngung ist so alt wie die Menschheit.

Je älter der Baum, umso zerfurchter die Rinde. Je älter der Mensch, umso zerfalteter seine Haut. In den Falten nistet die Lebenserfahrung. Sympathische Metapher: Die äußere Erscheinung als Spiegel des inneren Seins. Das Innenleben muss nicht gleich weise sein, doch es hat halt mehr hinter sich, in sich. Darum: Straff sei die Jugend, erfahren das Alter. So läuft die konservative Version – nach dem klassischen Menschenbild: Drinnen wird es immer kostbarer, nach außen stets lottriger. Das Menschenleben, ein asymmetrischer Bildungsroman. Das Ich reift, die Haut welkt. Doch trifft die Metapher noch? Was heißt hier »Ich«? Bin ich mein Ich? Habe ich mein Ich? Ist mein Ich Schicksal oder lässt es Optionen zu? Ist es modulierbar? Hirnforscher raten: Vergesst das fixe Ich, jeder von uns hat Anlagen zu tausend Ichs. Also sucht nicht euer Ich – erfindet es! Wenn wir aber schon unsere Identität erfinden, zumindest wählen sollen, warum sollten wir dazu nicht auch die passende Hülle wählen? Und überhaupt: Eigentlich ist kosmetische Medizin doch nur konsequent. Zieht medizinische Kunst unser Leben stets mehr in die Länge, soll sie uns gefälligst auch davor bewahren, das halbe Leben als zerfurchte Greise herumlaufen zu müssen.

Kürzlich war ich beim ORL-Spezialisten, mein Gehör wird stumpfer, ich höre bald nur noch, was ich will. Beim Abschied betrachtete er mein Gesicht, sagte, »da hängt aber auch schon allerlei«, fasste kurz an, zog nach hinten, »sehen Sie, macht glatt zwanzig Jahre jünger«. Stimmt, so sah es aus. Ich habe nicht vor, jung zu werden. Und finde doch, es greift zu kurz, Optimierungsgewillten prinzipiell Jugendwahn zu unterstellen. Manchmal dienen sie der traditionellen Idee von Schönheit: Übereinstimmung von innen und außen, von Sein und Erscheinen. Dass heute manche 70-Jährige »jünger« denkt und empfindet und handelt als bis vor Kurzem 50-Jährige ist offensichtlich. Eine kaum gebremste Lebensenergie und ein kaputtes Gebiss, das reimt sich schlecht. Die Kluft zwischen lebhaftem Innen und abgelebtem Außen zu mindern, dazu ist ästhetische Medizin vielleicht ganz okay. Zieht sie jedoch standardisierte Fassaden hoch, scheitert sie vermutlich. Wir sind Sinnenwesen, was zwischen Menschen läuft, das läuft von Auge zu Auge, von Ohr zu Ohr, von Hand zu Hand. »Innere Werte« setzen sich durch die sinnliche Erscheinung durch, nie gegen sie. Entscheidend dabei: Lebendigkeit, Interesse, Humor.

Von Auge zu Auge. Das Auge kann nicht lügen. Die Hand auch nicht. Medizin kann nicht alles straffen. Oder wollen wir mit 80 wie Teenies aussehen: schwarzes Haar, glatte Haut, schneeweiße Zähne – alles künstlich? Wie Gustav Aschenbach in Thomas Manns »Tod in Venedig«, der alte Geck, der sich schminkt, die Haare färbt, um dem Jüngling zu gefallen. Er wirkt nicht nur mitleiderregend, er riecht auch mehr nach Tod als das zerfurchteste Gesicht. Hier kippt die Dialektik der vergänglichkeitsflüchtigen Maxime »Angst vor der Glatze, nicht vor dem Tod«. Die Angst vor der Glatze rüstet rücksichtslos auf, verjüngt Alte chirurgisch radikal, bis es rein physiognomisch nichts mehr zu lachen gibt. Die Altersflucht macht sie zu traurigen Produkten ihrer Altersangst.

Ewig leben?
Am sichersten als Hanswurst
digitaler Herrschaft.

Dagegen wirkt der digitale Flirt mit Unsterblichkeit plausibler. Paradefall Google-Projekt »Calico«, in Kapitel I schon zur Sprache gebracht, mit dem Zweck, ewiges Leben gewinnen durch Totalimmunisierung gegen Krankheit, mit der Methode, aus dem Ozean der Daten über Krankheit und Gesundheit herauszufinden, wie und warum und wann Leben dem Verfall nachgibt. Hat man da mehr Durchblick, brauchen wir nur noch viele zusätzliche Apps, die unsere Körperaktivitäten messen und überwachen. Vom Überwachen zum Anleiten wäre kein großer Schritt. Schlaue Algorithmen wissen nicht nur jederzeit, was mit mir los ist (Stoffwechsel, Koronargefäße, Blutzucker), sie wissen überdies in jeder Lage, was gut und richtig ist (Bewegung, Ruhe, Pille, Doping, Askese etc.). Dagegen sieht unser sogenannt freier Wille steinalt aus. Die Datenmenge, auf die wir bisher unsere Entscheide stützen, ist erbärmlich dünn, die Rationalität der Schlüsse, die wir daraus ziehen, bedenklich schwach. Algorithmen leiten unseren Körper zur Perfektion an, zur Effizienz, zur reibungslosen Maschine.

Wer da mitmacht, muss sich nur rund um die Uhr selber beobachten und die Anweisungen befolgen. Im Alter haben wir ja sonst nichts zu tun. »40 Tage ohne Alkohol!!!« Massen solcher Einträge stehen auf Facebook, dem Senioren-Channel. Total ironiefrei – die Kommentare dazu auch: Blanke Begeisterung für Puritaner. »Bravo!« – »Respekt!« – »Gaaaanz toll!«

Einst war Fasten – wie der Rausch – ein Versuch, dem Himmel näher zu kommen. Heute opfern Asketen den Göttern Leberwert, Cholesterinspiegel, Body-Mass-Index. Wir sind, was wir messen: Kalorien, Muskeldruck, Likes. Der alte Mensch, einst Meister seiner Lebenserfahrungen, wird zum Buchhalter seiner Körperzustände. Der Antrieb dahinter: kontrollierte Selbstoptimierung aus Angst vor unkontrolliertem Verschwinden. Das hat Zukunft. Unser Körper könnte dereinst funktionieren wie die digitalisierte Mobilität. Demnächst fahren Autos mit Autopilot durch die Gegend, zentral gesteuert nach einer überlegenen Logistik, also ohne Stau, ohne Unfälle, perfekt. Das Patentrezept: Man muss den ewigen Störfall Mensch aus dem Verkehr ziehen, weg von Steuer und Gaspedal. Er wird herumgekarrt wie ein Kleinkind, wird zum Haustier informatorischer Rationalität, dafür kommt er sicher und zeitig ans Ziel, er hat nur nichts mehr zu sagen zu Route und Tempo. Ähnlich könnte es unserem Körper widerfahren. Er wird gesteuert von Software, die nicht wir geschrieben haben – mit dem Vorteil, dass er perfekt funktionieren kann, ganz ohne Panne, im Prinzip ewig.

Die Frage ist dann, wie es da drinnen aussieht? Spielt das Innenleben überhaupt noch eine Rolle, und falls ja, welche? Existiert da noch ein »Kerngehäuse«, altmodisch gesprochen, eine »Seele«, und hat diese Seele etwas zu sagen – oder wird sie bevormundet, kontrolliert, schikaniert (keine Zigarette, kein Whisky, keine Wurst), sodass das Leben zwar tendenziell endlos dauern kann, jedoch nur, weil die Seele sich längst aufgegeben hat? Braucht es diese Seele nur noch, um abzunicken, was – aus Sicht der Apps – langfristig gut ist fürs Körper-Chassis? Worin läge der Gewinn? Wir lebten noch länger, mag sein. Auch belebter? Auch mal mit einer Aufregung? »Vergiss es!«, zischt die App. Aufregung kann tödlich sein.

Laufen die Bemühungen darauf hinaus, das Alter abzuschaffen? In seinem Roman »Schöne neue Welt« schildert Aldous Huxley eine künftige Gesellschaft, die sich gegen Freiheit und für das Glück entschieden hat. Freiheit, befand der Weltsicherheitsrat, habe nichts als Debakel gebracht, soziale Unruhe, individuelle Tragödien, Krankheiten, frühen Tod. Also schaffte er Freiheit ab und organisierte das störungsfreie Glück, mit Menschenzucht, Happy-Pille, wolkenlosem Alter. Zitat: »Die Welt ist jetzt im Gleichgewicht. Die Menschen sind glücklich, sie bekommen, was sie begehren, und sie begehren nichts, was sie nicht bekommen können. Es geht ihnen gut, sie sind geborgen, immer gesund, haben keine Angst vor dem Tod. Leidenschaft und Alter sind hier unbekannt.«

Sieht die Zukunft des Alters so aus? Ein leidensfreies Leben ganz ohne Alter? Bloß irgendwann Schluss? In Huxleys Roman taucht »der Wilde« auf, er rebelliert gegen die Glücksdiktatur.

Im Gespräch mit dem Weltaufsichtsrat Mannesmann wird die Alternative deutlich:

»Ich will Freiheit«, sagt der Wilde.

»Wir nicht«, versetzt der Aufsichtsrat, »uns ist Bequemlichkeit lieber.«

»Ich brauche keine Bequemlichkeit. Ich will Gott, ich will Poesie, ich will wirkliche Gefahren und Freiheit und Tugend. Ich will Sünde.«

»Kurzum«, sagt der Weltaufsichtsrat. »Sie fordern das Recht auf Unglück.«

»Gut denn«, erwidert der Wilde, »ich fordere das Recht auf Unglück.«

Unzeitgemäßer als diese Forderung ist kaum etwas. Eher sind wir darauf aus, dass »nichts passiert«. Mit der Folge, dass tatsächlich nichts passiert. Vermeiden wir jedes Unglück, hüten wir uns auch vor aller Sünde. Das Ergebnis ist Einförmigkeit. Unsere Zeit dehnt sich dadurch vielleicht aus. Gleichzeitig schmilzt sie, weil wenig in ihr passiert.

»Die Zeit, die ist ein sonderbar Ding«, singt die Marschallin im »Rosenkavalier« von Richard Strauss und Hugo von Hofmannsthal. »Wenn man so hinlebt, ist sie rein gar nichts. Aber dann auf einmal, da spürt man nichts als sie. Sie ist um uns herum, sie ist in uns drinnen.«

Wer die Zeit anhalten will, an dem zieht sie vorüber. Im Alter können wir sie verstreichen lassen. Oder wir füllen sie. Im Unruhestand unterwegs, die Variante eins, erwies sich bestenfalls als ambivalent. Bis(s) zum Ende, Variante zwei, hat sich verspielt. Bleibt Variante drei, sie setzt auf Exzentrik statt Egozentrik und bringt mehr in Bewegung als sich selbst: die Idee, noch im Alter Akteur einer Zukunft zu sein, auch wenn wir sie selber nicht erleben werden. Mein Plädoyer fürs Mitwirken, das ich in zwei Anläufen gern plausibel mache: Zunächst als Verpflichtung, unsere längst nicht mehr einleuchtende Passivrolle abzustreifen, unser Altersdrama in die eigene Regie zu nehmen. Sodann als Revitalisierung einer vielleicht zu früh abgeschriebenen »Altersweisheit«, als Mitwirken der Älteren in der Welt der Jüngeren – mit Mitteln, die so viel Zeit und Realitätssinn voraussetzen, dass erst Ältere sie ausspielen können. Gemeinsam ist beiden Vorschlägen die Überzeugung: Wir Alten sind am Zug. Der sogenannte Generationenvertrag ist nicht beliebig elastisch. Er erträgt es auf Dauer nicht, dass eine anschwellende Fraktion von Passivmitgliedern einfach abhängt und stets länger Siesta macht. Abgesehen davon, dass wenige Alten scharf darauf sind, sich demnächst zu Tode zu langweilen.

3. Wirken. Akteur im eigenen Theater

»Es gibt kein Glück – außer im Gebrauch der eigenen Kräfte«, weiß Arthur Schopenhauer. Dann wäre nicht so wichtig, was wir haben und wer wir sind, Hauptsache, wir sind in Aktion mit unseren eigenen Kräften, mit Kopf, Herz und Hand, Hauptsache, der Kopf hat zu denken, das Herz macht Mut, die Hand packt an.

Kennen auch wir Alten kein Glück außer lebhafter Aktivität? Trotz der Ambivalenz, die ich soeben in unserem Unruhestand aufzeigte? Und obwohl die Bewunderung für muskelgestählte Greise auf Rennvelos allmählich einem Befremden weicht? Immer öfter hört man die Klage: Wo ist das gute alte Alter hingekommen? Das Ohrensessel-Alter, das gemütliche, gelassene, kluge, klaglos hinnehmende? Das Alter der Ruhe, der Besinnung, der Wendung nach rückwärts, nach innen? Die Fragen haben ihren guten Grund – und wirken doch ziemlich retro. 25 Jahre im Ohrensessel? Auch wenn Tourismusagenturen mit »spaziere, höckle, gnüsse« werben: Wer überlebt denn so etwas? Nein, die Aktivität im Alter folgt einer inneren Logik. Zunehmende Langlebigkeit und verbreitete Perspektivlosigkeit über den Tod hinaus erzeugen eine Mentalität, aus den verbleibenden Jahren alles herauszuholen – Reiseerlebnisse, Vitalitätstriumphe, Genusssteigerungen. Davon abzuraten ist zwecklos. Stoische Gelassenheit zu empfehlen ist so gediegen wie weltfremd.

Aktivität oder Gelassenheit? Das kann heute nicht mehr die Frage sein. 25 Jahre können wir schlecht aussitzen, wir müssen mit ihnen etwas anfangen. Also tätig alt werden. Alles andere macht kaum glücklich, da hat

Schopenhauer zweifellos recht. Wir können das schönste Haus besitzen, wir können auffällig schlau sein oder attraktiv: Wenn wir dies nicht nutzen, nicht sozial einsetzen, wenn wir nicht punkten mit unseren Kräften, bleiben wir allein, werden einsam, traurig, ganz nach Klischee. Daraus holt uns Tätigkeit heraus, nicht Gelassenheit – und stellt uns vor eine ganz andere Alternative: Bin ich tätig nur für mich – oder über mich hinaus? Bin ich im Alter nur im eigenen Auftrag unterwegs – oder bewege ich mich als Akteur in einem größeren Theater?

Die bestgelaunten Alten, die ich kenne, machen auch Jahre nach der Pensionierung weiter, manche treten kürzer, manche beginnen mit anderen Dingen, gemeinsam ist ihnen: Ohne Arbeit können sie sich ihre Zeit nicht so recht vorstellen.

Was heißt in diesem Zusammenhang »Arbeit«? Da ist einmal der Mann im Luzerner Hinterland, drei Meisterdiplome, Hufschmied, Sanitärinstallateur, Heizungsmonteur, über 80, er hatte eine Firma für Sanitär- und Heizungsinstallationen aufgebaut. Mit 70 übergab er sie seinen Angestellten, sich selbst machte er zum Spezialisten für Fernwärme. Er ist weit herum gefragt und zieht von Projekt zu Projekt. Wollen wir das Arbeit nennen? Wie wäre es mit Unternehmergeist, Interesse am Wirken, am Mitwirken für eine intelligentere energetische Zukunft, Freude am Problemlösen, Appetit auf tätiges Leben.

Oder die Frau im Blumenladen, 82, ihr Mann starb vor Jahren. Sie ist gebildet, kulturell vielfältig interessiert und fördert Musiktalente aus osteuropäischen Ländern; sie ist wohlhabend – und arbeitet die halbe Woche als unbezahlte Angestellte in einem Blumenladen, von morgens bis abends, zuständig für Einkauf, Blumenbinden, Bedienung. Arbeit? Für sie stiftet genau das Sinn, es ist ihr ein Vergnügen, Kunden zum Schöneren zu verführen, die Komik in manchen Kundenbeziehungen zu sehen, den jungen Ladenbesitzer zu unterstützen.

Und der Gastroenterologe, 77; die sogenannte Altersgrenze hat er ignoriert, seine Tochter, Ärztin vom selben Fach, in die Praxis aufgenommen, zwei junge Kollegen eingestellt. Im Gespräch wirkt er wie ein neugieriger 50-Jähriger. Arbeitet er? Er hilft Kranken, nimmt manchen die Angst, macht ihnen Hoffnung, bleibt nahe an der medizinischen Forschung, gibt seine Erfahrung, seine ärztliche Kunst weiter an die Jungen.

Drei privilegierte Sonderfälle? Drei auffällige Temperamente, mag sein. Sie lassen sich nicht ausreden, noch im Alter Akteure zu sein – Akteure im Weltbetrieb, nicht allein im privaten. Sie lehnen es ab, sich auf die Zuschauertribüne zu verabschieden, sie spielen weiter mit auf der Hauptbühne, wo längst die Jüngeren an den Hebeln sitzen. Das Zusammenspiel klappt nicht reibungslos, doch bei einigem guten Willen beleben gerade Reibungen das Spiel. Die Jüngeren profitieren von der Praxiserfahrung der Alten. Die wiederum lockern sich, etwa im Spiegel der Work-Life-Balance der Jüngeren. Jedenfalls ziehen sie aus ihrem Status – Akteur statt Voyeur – ihre Vitalität, ihr Selbstbewusstsein, ihre Lebensfreude.

Ist es unanständig, sie als besonders gelungene Exempel zu präsentieren, mit der Geste an alle andern: Da schaut her, so macht man das schlau! Wie könnt ihr euch nur auf die Tribüne absetzen? Ja, das wäre unanständig. Jedenfalls momentan und mit Blick auf bestimmte Branchen. Eine News-Journalistin braucht ein Medium, um mit 69 weiterzuschreiben. Ein Lokführer braucht einen Zug, will er fahren, solange er bei Sinnen ist. Eine Biochemikerin muss nach Amerika auswandern, um mit 70 weiterforschen zu können. Auch eine Migros-Kassenfrau kann nach ihrer Pensionierung ihre Kasse nicht einfach privatisieren und am Paradeplatz platzieren. Sie alle benötigen, um tätig zu sein, ein Unternehmen, einen Arbeitgeber. Und die bleiben noch misstrauisch gegen ältere Angestellte, obwohl sie händeringend nach Fachkräften suchen. Auf diese Ambivalenz komme ich später zurück.

Hier sage ich nur: Die drei Endlostätigen – der Fernwärme-Profi, die Blumenfrau, der Magen-Darm-Arzt – sind unter den Alten, die ich kenne, die bestgelaunten. Sie scheinen auch mit der robustesten seelischen Widerstandskraft ausgestattet, weshalb die notorischen Altersübel, von denen auch sie nicht verschont sind, in ihrem Gefühlsleben eine untergeordnete Rolle spielen, kurz, sie kommen mir als die glücklicheren Alten vor. Da wäre es geradezu sträflich, wollten wir nicht darüber nachdenken, was denn ihr Geheimnis sei. Und ob dieses Geheimnis ein paar kluge Regiehinweise hergäbe für unsere neue Dramaturgie des Alters.

Etwas Sinnvolles tun?
Es muss auch für andere etwas bedeuten.

Das Geheimnis selbst ist leicht zu lüften: Bei den dreien geht es noch im Alter um mehr als um sie selbst; was sie tun, hat Bedeutung für andere. Am bloßen Beschäftigtsein liegt es nicht, obwohl wir auch das nicht unterschätzen sollten. Manches Pech und manche Panne passieren heute, weil so viele Leute unterbeschäftigt sind. Wer dagegen alle fünf Minuten etwas zu besorgen hat, weil es partout getan sein muss, ist weniger anfällig für Unfug und fällt auch seltener in Sinnkrisen. Mein Trio hat jedenfalls stets etwas vor, ist eingebunden ins tätige Leben, unterwegs nicht nur mit sich, auch regelmäßig mit Baubehörden, mit Kundinnen, mit Patienten, und dabei geht es um elementare Bedürfnisse wie Energieversorgung, Magen-, Darmtherapie und Blumenhandel. Das Geheimnis des glücklicheren Alters könnte in der uralten Einsicht gründen, wonach der Mensch ein soziales Wesen ist (Aristoteles und 127 weitere Großdenker). Und dass dieses Sozialwesen nicht im kollektiven Car-Ausflug seine Höchstform erreicht, eher in der Genugtuung, an etwas mitzuwirken, das bedeutender ist als sein Ego.

Also mitwirken. Teilnehmen an etwas, das über mich hinausweist. Wie es die Parabel von den drei mittelalterlichen Steinhauern veranschaulicht: Jeder wird gefragt, was er hier tue. Der Erste sagt: Ich haue Steine. Der Zweite: Ich verdiene hier mein Geld. Der Dritte aber: Ich baue mit an der großartigen neuen Kathedrale unserer Stadt. Allen ist auf Anhieb klar: Der dritte Steinmetz haut die Steine am schönsten, wahrscheinlich verdient er besser, sicher lebt er glücklicher. Weil er nicht nur seine Individualbedürfnisse bedient, weil er mit Herz und Hand sich einsetzt für etwas, womit die Stadt dereinst groß und schön und berühmt werden soll. Der Steinmetz ist eine kleine Nummer wie wir alle, er hämmert momentan am dritten Pfeiler im rechten Seitenschiff der Kathedrale, er sieht sich aber als Mitarbeiter am Ganzen. Wer das größere Ganze im Sinn hat, wird über seinen Lebenssinn nie nachdenken müssen. Das Werk wirkt auf ihn zurück, erfüllt ihn mit Stolz, gibt seinem sonst eher zufälligen Leben einen verbindlichen Wert, den er aus sich selber nie gewinnen könnte.

Wir bauen keine Kathedrale mehr. Den Sinnüberschuss jedoch, für den sie steht, benötigen wir bei allem, was wir tun, im Alter sowieso. »Sinn« muss nichts metaphysisch Geheimnisvolles sein. Etwas »Sinnvolles« tun heißt schlicht, dass es andern etwas bedeutet: das Blumenbinden, die Darmspiegelung, die Fernwärme. Wir kennen das noch in bescheidensten Portionen. Unterwegs werden wir nach dem Weg gefragt, wir können helfen – und fühlen uns großartig, sicher besser, als wenn wir grad einen gepfefferten Tweet losgeschickt hätten. Wir machen durchaus die Erfahrung, was uns belebt: mehr bewegen als uns selbst. Wir beherzigen es trotzdem selten. So sehr haben wir uns daran gewöhnt, den Sinn im Ich zu suchen, nicht im Mitwirken. Ich meine, also bin ich. Ich reise, also bin ich. Ich google, also bin ich. Ich bin wütend, also bin ich. Ich weiß, wie man es machen sollte, also bin ich.

Tönt wie eine Anleitung zum Unglücklichsein. Das Ich-Klammern wird zum Käfig des Alters, einer mehr oder minder feudalen Vereinsamung der letzten Jahre. Alles dreht sich um Ich-Sorge, Ich-Erhaltung, Ich-Massage. Online sowieso: Ich-Marketing rund um die Uhr, Profil zeigen, Foto posten, Präsenz markieren. Ich! Ich! Ich! Mein Ich aber ist kein autonomes Wesen. Es kommt in Form, wenn es als Mittler aktiv wird, statt sein Privattheater aufzuführen. Vermittelt es nur sich selbst, wird es zum Hohlspiegel, zum »leeren Engel«, wie Peter Sloterdijk gern sagt. Wir Menschen sind ja wie geschaffen, als »Engel« zu wirken. Das Wort kommt vom griechischen »Angelos« und meint »Bote«. Wie der klassische Engel zwischen dem Göttlichen und dem Irdischen pendelt, so vermitteln wir Menschen zwischen dem Geistigen und der Erscheinung. Paradefall Steinmetz: Er baut an der Kathedrale, die Kathedrale ist aus Stein – und Erscheinung einer großen Idee, Stein gewordene Erzählung einer Heilsgeschichte zwischen Gott und Mensch; so bringt der Steinmetz Idee und Sinnlichkeit zusammen und ist dabei ganz vergnügt, weil er grad erfährt, wozu er bestimmt ist. Das erfährt auch, wer Balkankids in Mathe und Deutsch Nachhilfe gibt. Wer den »Geist« am Arbeitsplatz belebt. Wer Behinderte ausfährt. Wer Tierquälerei stoppt. Wer eine Akademie für Menschenmedizin gründet. Allgemein gesagt: Wer die Welt mit etwas Geist aufmischt. Der Mensch, selber zwischen Geist und Stoff pendelnd, kommt als Beweger in sein Element, sozusagen als Unternehmer einer verträglicheren Chemie zwischen Idee und Wirklichkeit.

Von diesem Unternehmertum pensioniert uns keine Altersgrenze. Die Unternehmungen wandeln sich, doch wir leben auch im vorgerückten Alter vom Mitwirken und Einwirken. Diese These stützen mindestens drei Erinnerungen: eine anthropologische, eine genetische, eine soziologische.

Ich beginne mit der anthropologischen Erinnerung, jetzt unter der Frage: Wie finden wir Alten unsere Botschaft? Die Philosophie sagt uns: Der Mensch ruht nicht in sich, er »existiert«, das kommt vom Lateinischen »existere« und bedeutet »hinausstehen«, »aus sich« und

»über sich hinaus«. Der Mensch, das ekstatische Wesen. Er kommt zu sich, wo er sich übersteigt, hin zu etwas Bedeutenderem, zum Logos, zur Vernunft, zur Kathedrale. Darum hält er es mit sich und seiner Ich-Bewirtschaftung letztlich nicht aus, egal, wie splendid die Umstände sind, er muss noch etwas mehr im Programm haben als sich. Ich bestreite niemandem das Recht, nach seiner eigenen Façon selig zu werden. Nur ist es, das zeigt alle Erfahrung, mit der Seligkeit nicht weit her, wenn wir die Transzendenz aus unserer Conditio humana streichen wollen. Ohne sie landen wir schnell in Angst, Depression, Burn-out. Das unterscheidet uns von allem um uns herum. Da ist jedes, was es ist: die Pfingstrose im Garten, die Amsel auf dem Dach, die Katze auf der Lauer, das sind lauter kompakte Wesen, bewundernswert in ihrer Eindeutigkeit. Für sie ist es das Beste zu bleiben, wie sie sind, die Pfingstrosen jedes Jahr üppiger, doch unverändert, sie sind, wie sie sind, schön und ganz und vollkommen. Nur der Mensch ist nie ganz und nie dicht. Er ist das »Loch im Sein«, sagt Jean-Paul Sartre, das »Nichts«, aus dem er hinaus muss, um es zu füllen und zu gestalten, und dazu braucht er etwas, woran er arbeiten kann. Der Steinmetz macht das prima. Seine Kathedrale stiftet Sinn. Sein Steinhauen verschafft ihm Bedeutung für andere. Ohne sie gelingt auch unser Alter nicht. Es will Bedeutung, die ist aber nur zu haben im Mitwirken mit andern. Also sollten wir unsere Variante zum Steinhauen finden. Selber können wir schlecht die Kathedrale sein. Als Erbauer jedoch, als Mitwirkende? Das kann aufgehen, das Trio meiner glücklicheren Alten bezeugt es.

Einer, der das immer verstanden hat, ist Paul Breitner, die Club-Legende des FC Bayern München. Als

Fußballer gewann er alles, dreimal Deutscher Meister, zweimal Weltmeister. Zwischen den Spielen engagierte er sich als Provokateur. Wenn seine Kollegen auf journalistische Fragen wie »Was wünschen Sie sich im Leben?« mit »Geld, Gesundheit« antworteten, sagte er: »Die rasche Niederlage der Amerikaner in Vietnam.« Der Mann wird 68, warum setzt er sich nicht zur Ruhe? Geld hat er reichlich, Humor auch. Er organisiert mit seiner Frau die »Münchner Tafel«, Essen für Bedürftige. »Meine Frau und ich wissen, wo wir herkommen. Wir haben in unserer Kindheit die Armut der Nachkriegszeit erlebt. Schon als Kind habe ich den Umgang mit Behinderten erleben dürfen. Meine Frau und ich waren nie ein Glamour-Paar, wir gehen auf keine Partys.« Lieber gibt er Schülern Nachhilfe in Latein, Griechisch, Englisch. »Alle haben immer gesagt, dass ich das gut kann. Ich kann gut erklären und ich habe Geduld, vielleicht meine einzige gute Seite.«

Tun, was ich gut kann. Ist das die Formel für ein geglücktes Alter? Vielleicht ist es tatsächlich so einfach. Was ich gut kann, das mach ich gern. Und was ich gern mache, das macht mich zufrieden oder froh oder gar glücklich. Bleiben noch zwei Fragen: Haben wir alle etwas, das wir gut können? Hoffentlich. Aber erhalten wir auch die Gelegenheit zu tun, was wir gut können? Immer häufiger. Senioren organisieren sich lokal und regional; da ist jede Tätigkeit gefragt – Einkaufen, Autofahren, Reparaturen, Kochen, technischer Support, Gartenarbeit. Ich komme später darauf zurück. Vorerst ging es hier um die anthropologische Begründung unserer Vita activa im Alter.

Damit zur zweiten Erinnerung: Das Mitwirken im Alter haben wir in den Genen. Unsere Vorfahren waren keine buddhistischen Mönche, sie waren Bauern und Handwerker. Die Bauern zügelten irgendwann vom Haus ins Stöckli, aufs Altenteil, wenn es an der Zeit war, den Jungen den Hof zu übergeben. Sie halfen selbstverständlich weiter mit, im Haus, auf dem Feld, sie taten, was sie konnten, möglichst bis zum Ende. Handwerker ebenso. Nicht bloß zum Vergnügen, es gab bis vor Kurzem weder eine staatliche Altersversicherung noch eine berufliche Pension. Wer im Alter versorgt werden wollte, tat gut daran, sich nützlich zu machen in Werkstatt und Hof, solange es ging. Erst die Industriearbeit trennt Arbeit und Freizeit zum Gegensatzpaar »Work-Life«. Erst die politische Fixierung einer »Altersgrenze« zieht zwischen Erwerbs- und Pensionärszeit eine scharfe Grenze. Erst seither kippt die Bedeutung von Arbeit, die zuvor zwischen Segen und Fluch schwankte, eindeutig auf die Seite von »Mühsal«, »Last«, »Zwang«. Heute müssen sich meine drei glücklicheren Alten die Frage anhören: Warum tust du dir das an? Du hast es doch nicht nötig.

Unsere Vorfahren waren nicht
buddhistische Mönche.
Wir haben das Tun in den Genen.

Doch. Wir haben es menschlich nötig. Können wir es denn nicht 25 Jahre einfach »schön haben«? Sicher, nur finden wir es dummerweise bald nicht mehr so schön. Es liegt an uns, am Spezialfall Mensch, nicht an der Lebensqualität. Auch von der anthropologischen Kondition abgesehen haben wir rein genetisch in unserer Kultur keine Erfahrung mit jahrzehntelangem Nichtstun. Manche rasten schon aus, wenn sich über Weihnachten die Festtage häufen. Interessant, dass niemand diese Frage – warum tust du dir das an? – an Gerhard Richter, 87, stellt. Es scheint plausibel zu sein, dass kein Künstler aufhört zu malen, nur weil er so und so viele Bilder sündteuer verkauft hat. Künstler leben mit und durch ihre Kunst. Sie sind ihre Kunst – oder sie sind niemand. Zum Beispiel Nello Santi, diese Wucht von italienischem Operndirigenten, der das Galakonzert zu seinem 85. Geburtstag selbstverständlich selber leitete und noch mit 88 im Zürcher Opernhaus auftritt. Fragt jemand, ob er das Geld brauche? Er braucht die Musik, nicht das Honorar. Er braucht die Aufführung, er braucht die Musiker, er braucht das Publikum, davon und dafür lebt er.

Wir aber sind keine Maler, keine Dirigenten. Was Dirigenten und Maler tun, schmeckt gar nicht richtig nach Arbeit, das ist Kunst, das ist kreativ, das machen die sicher richtig lustvoll. Ähnlich wie Roger Federer, der auch nie nach Arbeit aussieht, da denken wir gern, er schaffe das mit seiner Genie-Ausstattung. Tatsächlich ist all dies Schwerarbeit – so sehr, dass wir sie am Ende nicht mehr wahrnehmen und Musik, Bild, Tennis so leicht wirken wie sonst nur Wunder. Dahinter steckt die Leidenschaft zur Perfektion. Diese Künstler sind Leistungserotiker, sie sind beseelt von dem, was sie tun, Arbeit ist ihnen mehr als Mittel zum Zweck, sie lieben es, an der Arbeit zu arbeiten, am Verbessern, am Perfektionieren. Nähmen wir ähnlich leidenschaftlich an die Hand, was wir tun, würden auch wir niemals mit

Arbeiten aufhören wollen. Dazu müssten wir die Arbeit zu unserer höchstpersönlichen Sache machen. Scheint aber schwierig zu sein. Die Hälfte aller Erwerbstätigen in der Schweiz fühlt sich »erschöpft«, drei Viertel dauerhaft »gestresst«, ebenso viele sagen in Gallup-Umfragen, sie machten ausschließlich »Dienst nach Vorschrift«, engagiert seien sie freizeitlich. Was immer sie hindert – die Strukturen, die Einstellung –, im eigenen Auftrag unterwegs zu sein: Es begünstigt ein tätiges Alter nicht. Obwohl die Steinmetz-Mentalität im Alter leichter fallen kann, weil die Not zu arbeiten wegfällt. Beobachte ich meine drei glücklicheren Alten, sehe ich manche Zeichen von Leistungsleidenschaft, und obwohl sie sich mit relativ prosaischen Dingen beschäftigen, finde ich, sie halten den Vergleich mit Nello Santi problemlos aus.

Zur dritten, zur soziologischen Erinnerung: Mitwirkung sichert uns Älteren die gesellschaftliche Anerkennung. Die bürgerliche Gesellschaft, in der wir einstweilen noch leben, läuft nach der Devise: »Und jeder macht sich nützlich auf seine Weise.« Der Satz findet sich zum Beispiel 1759 bei Voltaire, in seinem wunderbar skurrilen Werk »Candide ou l'optimisme«, es antwortet skeptisch auf die optimistische These von Leibniz, wir lebten in der »besten aller Welten«, führt mit Candide einen Protagonisten ein, der mit arglosem Gemüt und voller bon sens über die Wege von der Feudal- zur Bürgergesellschaft strauchelt, dauernd enttäuscht wird und doch die Hoffnung nie aufgibt. Die entscheidende Wegmarke spielt die Einsicht, dass einzig Arbeit die Werte schafft, die uns Überleben wie Wohlleben sichern. An die Macht kommen die Bürger mit dem Ruf: »Wir schaffen hier schließlich den Reichtum, wir sind keine parasitären Landadeligen.« Der Adel arbeitet nicht, er lässt sich aushalten. Der Bürger rechtfertigt sich durch das, was er tut. Adelige sind, was sie von Geburt sind. Bürger sind, was sie leisten. In diesem Kontext fällt der Satz »Und jeder macht sich nützlich auf seine Weise«: der Handwerker, die Wirtin, der Kaufmann, die Schneiderin, der Fuhrmann. Dieses wechselweise Sichnützlichmachen macht alle irgendwie gleich, alle sind auf alle angewiesen, also sind auch alle gleich berechtigt. So wird Arbeit zum Kitt der bürgerlichen Gesellschaft. Sie soll jedem Sicherheit und seinen Platz geben. Keiner soll überflüssig sein, Almosen haben im Normalfall keine Berechtigung. Arbeit stiftet Gesellschaft. Arbeit begründet Anrechte.

So weit die Theorie.

Arbeit in der Gesellschaft gleicht der Rolle im Theater. Ohne Rolle falle ich aus dem Stück, hinter die Kulisse, ins Parkett der Zuschauer. Welche Rolle, ist nebensächlich, Hauptsache, ich spiele mit, ich bin keine Marionette, Hauptsache, ich agiere, ich bin kein Passivmitglied. Im liberalen Verständnis gehören alle auf die Bühne, das gemeinsame Stück lebt davon, dass alle ihre Rolle ausspielen, ihre Perspektiven zur Geltung bringen, auch als Generationen: Die Jungen bilden sich für ihre Zukunft, sie rücken nicht nur nach, sie entwickeln hoffentlich ihre eigenen Ideen, wie das Theater besser, lustiger, reicher laufen könnte. Die aktive Generation bestellt die Gegenwart – hoffentlich möglichst so, dass die Jungen dereinst kein Debakel übernehmen müssen. Und wir Alten? Verwalten die Vergangenheit und experimentieren mit dem Müßiggang? Bisher war das kein Thema. Das Alter war kurz und beschwerlich, man gönnte den Alten die Verschnaufpause vor dem Sterben. Langlebigkeit verändert unsere Rolle gründlich. 25 geschenkte Jahre werden rechtfertigungspflichtig. Der sogenannte Generationenvertrag, also die stillschweigende Anerkennung von Alt und Jung, gerät aus der Balance. Anerkennung braucht wieder Leistung.

Respekt?
Doch nicht für Jahrzehnte Passivmitgliedschaft.

Was leisten wir Älteren, von Kaufkraft und Konsum mal abgesehen? Ja, wir steigern mit unserem Verbrauch das Bruttosozialprodukt. Und sonst? Aktiven Generationen erscheinen wir als bedrohlich anwachsende Passivfraktion, mit einem Vierteljahrhundert Rentenbezug und Dauerferien. Wofür sollen sie uns anerkennen, was sollen sie uns zutrauen – außer der Wahrung von Eigeninteressen? Im demografischen Verlauf sind wir unverdiente Gewinner, die Jungen langfristig unverschuldete Verlierer. Während andere Länder das Pensionsalter an die durchschnittliche Lebenserwartung koppeln, bremsen wir jede strukturelle Reform. Kein Wunder, lesen wir öfter Titel wie »Der Schweiz droht eine Herrschaft der Alten«. Wie finden wir eine Rolle, die den Respekt der andern verdient und auf die wir selber stolz sein dürfen? Einst ehrte man die Alten für vergangene Lebensleistung; man wusste, dass sie alles gegeben hatten, und man sah es ihnen an. Heute gibt es diesen Dank höchstens noch pauschal und abstrakt, das heißt, er zählt nicht mehr. Es gibt dafür mehrere Gründe: Erstens sehen wenige Alte aus, als hätten sie sich früher überarbeitet. Zweitens sind wir schon so lange alt, dass auch unsere allfälligen Verdienste veraltet und vergessen sind, und dass sich praktisch niemand erinnert, wie wir je aktiv und nützlich waren. Drittens geraten wir selber in Verlegenheit, falls wir begründen sollten, wofür genau wir lebenslangen Respekt verdienen. Wir waren nicht faul, ich sagte es schon im Kapitel I, mühten uns sozusagen nach Vorschrift, es fiel uns leicht, nicht faul zu sein, es ging ja stets aufwärts, im Übrigen machten wir jeden Humbug mit, wir waren weder besonders scharfsinnig noch hellsichtig, wir schlitterten in die törichtesten Banken- und andere Dotcom-Blasen-Debakel. Jedenfalls ist die Welt, die wir den Jungen übergeben, mit allerlei Hypotheken belastet: die Natur arg verfuhrwerkt, die Kommunikation polarisierter, pöbelhafter, irrationaler, die Digitalisierung in den Händen der vier Tech-Giganten. Verdienen wir dafür 25 Jahre Pauschalrespekt?

Nein, sagt zum Beispiel der Seniorenrat Brugg und nimmt die Probleme seiner Alten selber in die Hand, statt sie an den Stadtrat zu leiten. 2008 wurde das »Altersleitbild« der Stadt Brugg erarbeitet, in der Schweiz nimmt alles Gute mit einem Leitbild seinen Anfang. In der Folge gründete sich 2009 der Seniorenrat, eine Freiwilligenorganisation, rechtlich ein Verein. Mittlerweile hat er über 500 Mitglieder, er bietet eine breite Palette von Aktivitäten: Tagesausflüge, Informationsanlässe, sportliche Veranstaltungen, einen Erzähl-Stamm, die Senioren-Kinoreihe. Dazu jede Menge praktischer Angebote: Handreichungen, Fahrdienste, Support bei Computerproblemen, kleine Reparaturen. Dort geht ein kräftiger Ruck durch die Senioren-Provinz, es erwacht ein neuer

Altersgeist, der nicht nur seine Pension genießen will, er engagiert sich mit Vergnügen und Gewinn für andere. Noch vor zehn Jahren veranstaltete die Gesundheitsbehörde im selben Kanton Aargau einen Alterskongress, der diverse Initiativen zur Selbsthilfe vorstellte, jedoch immer wieder zurückkam auf die fürsorgerische Leitfrage: »Was können wir tun für unsere Alten?« Ich antwortete schon damals in meinen abschließenden Reflexionen: »Nichts.« Wir Alten können uns selber helfen. Nicht individuell, klar, wechselweise schon. Alter ist keine Krankheit. Also Schluss mit dem therapeutischen Ton. Es gibt unter »den Alten« von jeder Sorte reichlich: Gesunde, Kräftige, Wohlhabende, Schlaue, Lustige, Spezialisten aller Art, Vernetzte, und all die, die es nicht mehr aus eigenen Kräften schaffen. Aus diesem Kunterbunt eine rege tätige, freundschaftliche Welt zu organisieren, gegen Hilflosigkeit und Vereinsamung und Depression – was für eine erfüllende Aufgabe! Mit allseitigem Gewinn. Die Hilfsbedürftigen bekommen unbürokratisch Hilfe, persönliche Zuwendung, bestenfalls humorvolle Unterhaltung. Die Tätigen müssen sich endlich nicht mehr fragen, ob der x-te Ausflug nach Ascona ihre einzige Freude sei; sie brauchen überhaupt nicht wegzufahren, sie haben in Brugg zu tun, sie werden gebraucht und geschätzt. Sie werden prima schlafen. Denn: Der Mensch, das exzentrische Wesen, fühlt sich prächtig, sobald er sich um mehr als sich kümmert.

Bedeutsam wird die Initiative auch als Geste an die Adresse der Gesellschaft: Hallo, aktive Generationen, jetzt schalten wir uns ein, wir werden Akteure unserer Welt, wir nehmen die Regie in unsere Hände, wir regeln die Angelegenheiten unserer Generation unter uns. Wir besorgen unsere Alterswelt selber. Schaut ihr zu euren Welten. Sorgt euch um den Lauf der Dinge. Der Seniorenrat Brugg stellt nur ein Beispiel dar. Überall in der Schweiz regen sich Ältere, auch in Zollikon, Erlenbach, Meilen, sie schließen sich zusammen, übernehmen Verantwortung. Es ist die Entdeckung des reziproken Egoismus. Wer nur für sich schaut, ist langfristig ein miserabler Egoist, er wird leicht einsam, miesepetrig, depressiv. Kluge Egoisten stützen und fördern und unterhalten die Leute um sich herum. Das hebt ihr Ego – und garantiert Unterstützung, falls sie selber darauf angewiesen sind. Reziproker Egoismus trägt Zinsen. In St. Gallen erhält, wer heute freiwillig bei der Spitex mitwirkt, einen Bonus, den er übermorgen einlösen kann. Oder die in Zug gegründete Zeitgutschriften-Initiative KISS, die in Genossenschaften organisiert ist und ihren Mitgliedern auf einem individuellen Konto die Stunden gutschreibt, die sie für die Gemeinschaft geleistet haben.

Reziproker Egoismus:
Kluge Egoisten bringen alle um sich
in gute Laune.

Mit diesem Ausblick kann ich meine drei Erinnerungen getrost beenden. Sie sollten mein Plädoyer fürs Mitwirken fürs Erste begründen: die anthropologische Erinnerung mit dem Hinweis auf die prinzipielle Löchrigkeit menschlicher Existenz, die genetische mit dem Rückblick auf Alterstraditionen unserer Kultur, die soziologische mit dem Argument, gesellschaftliche Anerkennung der Älteren sei nicht mehr selbstverständlich, sie müsse verdient werden. An dieses Verdienen machen sich überall aktive Alte. Sie wollen den Jüngeren weder auf dem Buckel liegen noch gelangweilt zuschauen.

Damit dreht sich mein Plädoyer fürs Wirken in seine zweite Schlaufe: Ist eine Botschaft denkbar, die noch attraktiver wäre als das Wirken im eigenen Theater? Ja – das Mitwirken auf der Hauptbühne des Welttheaters, dort, wo der Lauf der Dinge gesteuert wird. Dazu müssten wir freilich etwas zu bieten haben, das die Jüngeren nicht haben, nicht haben können, weil ihnen die nötigen Jahrzehnte fehlen, etwas speziell Alterworbenes, das man nicht studieren kann, sondern erst mit der Zeit und in der Praxis gewinnt, etwas wie die gute alte »Altersweisheit«, der ich etwas voreilig einen Teil ihres Kredites entzog. Attraktiver wäre diese Variante des Wirkens, weil wir mit den Jüngeren an der Zukunft bauen könnten, während wir unter unseresgleichen aufs Ende hinarbeiten. Eine Zukunft, die noch mit sich reden lässt, ist die Bedingung unserer Freiheit. Der Mensch, das »nicht festgestellte Tier« (Friedrich Nietzsche), ist nicht bestimmt zu »sein«, er muss – siehe Anthropologie – etwas vorhaben, er existiert, er muss aus sich hinaus. Für uns Alte sieht das wenig rosig aus. Unsere irdische Zukunft schrumpft absehbar. Mit der jenseitigen unterhalten sich die meisten kaum noch ernstlich. Da wäre die Chance, in der Welt der Jüngeren mitzuwirken, mehr als raffinierte Selbsttäuschung. Wir wären Akteure einer realen Zukunft – im klaren Bewusstsein, an einer Zukunft mitzuwirken, die nicht mehr unsere sein wird.

4. Mitwirken. Mit reaktivierter Altersweisheit

Als ich im weißen Krankenzimmer der Charité
Aufwachte gegen Morgen zu
Und die Amsel hörte, wusste ich
Es besser. Schon seit geraumer Zeit
Hatte ich keine Todesfurcht mehr. Da ja nichts
Mir je fehlen kann, vorausgesetzt
Ich selber fehle. Jetzt
Gelang es mir, mich zu freuen
Alles Amselgesanges nach mir auch.

Ein großer, einfacher Gedanke, den Bertolt Brecht, todkrank in der Berliner Charité, formulierte: Mich zu freuen des Amselgesanges »nach mir auch«. Nicht nur keine Verbitterung über das Ende. Viel mehr als das, was heute als Floskel vom »Loslassen« kursiert. Der sterbende Brecht lässt gar nichts los, er hängt am Leben – bloß nicht mehr am eigenen, er heißt das Leben über seinen Tod hinaus gut, er bejaht es, er nimmt weiter teil an ihm, er freut sich des Lebens, das ihn überdauert.

Diese Haltung müssen wir nicht erst auf dem Sterbebett einnehmen, wir können sie jederzeit aktivieren. Wir werden zwar nicht erleben, was daraus wird. Doch weil wir an etwas mitwirken, das uns überdauern wird, wird auch etwas von uns überleben. Wir müssen dabei gar nicht groß an Zukunft denken, es reicht, uns in die Gegenwart einzumischen. Ich habe vor Jahren an einem Symposium unter dem Titel »Das Auge der Lehrerin« eine pädagogische Theorie skizziert, gemäß der die

Lehrerin das »leibhafte Lernziel« ist, an dem die Schüler intuitiv erkennen können, dass es sich lohnt, sich auf den Schulkram einzulassen. Kürzlich vernahm ich, dass heute an einer Pädagogischen Hochschule eine Dozentin nach meiner Skizze unterrichtet. Die Nachricht, ein Gedanke von mir könnte mich überleben, stimmte mich ungemein zufrieden. Diese Hoffnung, eine Spur zu hinterlassen, und sei sie noch so unscheinbar, versöhnt schon fast mit dem Wissen um meine Endlichkeit.

Was haben wir Alten zu bieten? Schon lange gibt es die Empfehlung, im Testament ans Rote Kreuz zu denken oder an den Tierschutz oder den Heimatschutz. Solange wir leben, kommen wir nie richtig dazu, etwas zur Besserung der Welt zu tun, zu sehr sind wir beschäftigt mit uns. Doch sind wir einmal tot, können also weder mit uns noch unserem Geld etwas anfangen, dann wird unser Legat dafür sorgen, dass Verwundete gepflegt werden, Tiere geschützt, ein Stück Heimat erhalten wird. Bedauerlich ist daran einzig, dass es erst läuft, wenn wir bereits gestorben sind. Also doch jetzt schon einwirken, weil eine warme Hand lieber schenkt als eine kalte?

Unser Geld brauchen wir noch, doch wir könnten mit unserem Wissen eingreifen, mit unserem Können. Überall fehlen Fachkräfte. Wir sind welche. Und wir haben Zeit. Wir springen ein, wir überbrücken. Zu tun gibt es immer. Es geht uns wie dem Dirigenten Herbert von Karajan, der auf die Frage des Taxifahrers, wohin die Fahrt denn gehen solle, gesagt haben soll: »Egal, ich werde überall gebraucht.« Auf jeden Fall sind wir günstiger zu haben als Karajan, oft sogar unentgeltlich.

Benevol, die größte Schweizer Plattform für freiwilliges Engagement, wächst unaufhörlich. Die Idee reicht in die bürgerliche Aufklärungszeit zurück. Seit 1777 wirkt in Basel die »Gesellschaft für das Gute und Gemeinnützige«, sie organisierte Basels erste Töchterschule, eine Jugendbibliothek, Turnunterricht, die erste Badeanstalt, Kindergärten. Die Theorie dazu lieferte Isaac Iselin, der Philosoph und Humanist, der die Aufklärung vom Kopf auf die Füße stellte. Mit Immanuel Kant vertrat er die Maxime »Jeder denke selbst« mit dem Ziel »Mündigkeit«. Er appellierte freilich nicht nur ans Selberdenken, er sorgte sich auch um die affektive Motion, um »Aufmunterung« zur Mündigkeit, er meinte diese Aufmunterung durchaus körperlich, praktisch. Für ihn begann Mündigkeit mit Tätigkeit. Mündig werde ein Mensch, wenn er etwas tue, wenn er seine Hände und Füße und Sinne brauche. Wenn er nicht nur im Denken klare Ideen ausbrüte, sondern praktisch alles unternehme, die konkrete Welt ein Stück näher auf diese Ideen hin zu bringen. Praxis als Boden aller Selbstbestimmung. Aufklärung sozusagen als Verkörperung der Idee.

Das gilt auch heute noch. Mündigkeit ist allerdings nicht gratis zu haben. Der Begriff stammt vom mittelhochdeutschen »Munt«, einem Rechtsbegriff, der die Stellung des Hausherrn gegenüber Kindern und Bediensteten beschrieb: nach innen Souveränität, nach außen Haftung. Der mündige Mensch also ist: selbstmächtig – und haftbar für sein Tun. Freiheit und Verantwortung werden Spiegelbegriffe. Ohne Verantwortung werden wir Mündel statt mündig. Und für Verantwortung muss ich etwas tun, statt auf Twitter herumzubrüllen.

Benevol und andere Agenturen erleichtern es uns. Benevol St. Gallen zum Beispiel plant ein »Haus des

Engagements«, eine Art Kathedrale der Freiwilligenarbeit, einen »Benevol-Park«, der für ehrenamtliche Organisationen werden kann, was ein »Innovationspark« für Start-ups ist. Die St. Galler Stelle arbeitet mit rund 300 Organisationen zusammen. Die sind in ihrem Kerngebiet Profis, doch schnell überfordert, wenn es um Buchhaltung oder Sponsorensuche oder IT-Support geht. Solche Infrastrukturen will Benevol bieten. Stadt und Kanton unterstützen die Aktion, finanzieren den Anschub. Wenn das überall so weitergeht, muss ich nicht einmal selber bei der Schule meiner Gemeinde anklopfen, um zu den Balkankids zu kommen, denen ich in Deutsch und Mathe nachhelfen will. Um mich zu beteiligen an einem Zipfel der Zukunft, die mich überleben wird.

Vorteil Alter:
Erfahrung braucht Zeit.

Das sind schöne Aussichten, doch noch keine Antworten auf die Frage, was wir Älteren denn speziell leisten können, was Jüngere nicht eh schon haben. Es gibt ja nicht nur theoretische Zweifel an unserer Fähigkeit und Bereitschaft, in einer dynamischen, kompetitiven Welt mitzuhalten. Der Arbeitsmarkt mustert ältere Arbeitnehmer trotz langjähriger Berufserfahrung aus, Großkonzerne betrachten sie als lästigen Kostenblock. Die Flexibilität sei mangelhaft, heißt es dann als Begründung, ebenso die Lernbereitschaft, beste Ausbildung hin oder her; die Kompetenzen seien nicht up to date. Das erzeugt eine Mentalität, die Ältere eher vertreibt –

warum sonst ist Frühpensionierung beliebter denn je? – als zum Weitermachen einlädt. Was reichlich kurzsichtig wirkt: In den nächsten zehn Jahren werden in der Schweiz gegen 200 000 Berufstätige mehr in Rente gehen, als Junge in den Arbeitsmarkt eintreten. Warum ändert das nicht die Sicht auf ältere Mitarbeiter? Sie mögen weniger agil sein, dafür bringen sie mehr Loyalität ein und verfügen über wertvolle Betriebskenntnisse.

Liegt es möglicherweise an ihrem Lebensstil? Doch welche Sorte Lebensstil ist am Arbeitsplatz erwünscht? Personalchefs höre ich selten lobend über Einstellungen der Millenials reden. Sie anerkennen zwar, der Y-Typ sei ordentlich ausgebildet, wolle unbedingt interessante Jobs. Doch sie zweifeln, ob er auch arbeiten wolle? Tatsächlich unterscheiden sich Alte und Jüngere in ihrer Haltung zur Arbeit, vermutlich entsprechend ihrer jeweiligen Sozialisation. Die Älteren lebten im Bewusstsein, arbeiten zu müssen, um leben zu können. Diese Grundeinstellung schwindet aus dem Bewusstsein der Jungen, die den Akzent anders setzen: Arbeiten, um zu leben? Wie denn das? Warum? Wozu? Wir wollen beim Arbeiten leben! Ist es diese neue Mentalität, die älteren Angestellten Mühe macht? Weil sie ihr traditionelles Arbeitsethos verschaukelt finden? Während Jüngere in der Haltung von Älteren das Unelastische stört, das Beharren auf Formalitäten, egal, wie unproduktiv die wirken? Das ist mit grobem Stift gezeichnet, aber stammt der Unwille, Ältere weiterzubeschäftigen, aus solchen Konflikten? Ich erlebe es oft so. Ältere fühlen sich bedrängt durch die Unbekümmertheit und fachliche Unverfrorenheit der Jungen, sie verhärten sich, pochen stur auf ihre Kompetenzen, kapseln sich ab. Der Austausch zwischen Alt und Jung, der ebenso fruchtbar wäre für Diversität wie der zwischen den Geschlechtern, erlahmt. Die Jungen machen sich breit, die Alten ziehen sich zurück.

Wie ließe sich das korrigieren? Wir müssten zeigen, wie wir zusammen – Jung und Alt – erfolgreicher vorankommen. Beide haben ihre Vorteile. Die Jungen sind die aktuellste Ausgabe der Menschheit, ihnen gehört die Zukunft, dazu verfügen sie über das jüngste Wissen. Dieses Wissen ist allerdings reines Methodenwissen, Modellwissen, sozusagen das operative Besteck, wie es an Schulen aller Stufen gelehrt wird. Damit sind Jüngere frischer bedient, sie sind näher an der Schule. In der Praxis reicht es allerdings nicht, Kompetenzen zu haben, hier kommt es darauf an, mit den Kompetenzen etwas Tüchtiges anzufangen. Dieses Tüchtige kommt aus der Person, die mit dem Besteck hantiert. Was ist mit ihr los? Ist sie neugierig, wach, ehrgeizig, lustig? Hat sie Temperament, Humor, Charakter?

Hier zeigt sich der Vorteil von Älteren: Erfahrung. Erfahrung kommt vom Leben, nicht vom Wissen. Wissen können wir lernen, Erfahrungen müssen wir machen. Darum: Wer länger lebt, hat mehr Erfahrung. Weil wir heute alles Wissen verschulen, überschätzen wir es. Und unterschätzen Erfahrung. Der digitale Wandel wird das Verhältnis korrigieren. Das bloße Wissen übernehmen Algorithmen. Dem Menschen bleibt, was Wissen bewegt: Erfahrung, Denken, Inspiration. Damit können Ältere im Vorteil sein.

Um das zu veranschaulichen, hole ich in den Kreis meiner glücklich tätigen Alten einen Vierten. Er ist gut 70, etwas weniger glücklich, weil er, ein Architektur-

Unternehmer, die Entwurfsarchitekten nicht findet, die er dringend braucht. Ich wundere mich, Fachhochschulen bilden doch laufend neue aus. Ja, ja, er habe es mit vielen versucht. Und wo liegt das Problem? »Sie wissen alles – und können wenig.« Vom Wissen führt kein direkter Weg zum Können. Ein frisch diplomierter Architekt kann nicht aus der Hochschule spazieren und sagen: Hallo, Leute, ich weiß jetzt, wie man ein richtiges Haus baut. Das richtige Haus gibt es nicht, es will jedes Mal neu erfunden werden, für diesen einmaligen Ort, zu diesem konkreten Zweck. Dazu braucht der Architekt allerhand Fachkenntnisse, von Statik bis Ästhetik, überdies braucht er noch ganze andere, persönliche Eigenschaften: Gestaltungswille, Vorstellungskraft, ein Gespür für den Kunden, Inspiriertheit, Realitätssinn, Durchsetzungskraft usw. – lauter Geisteskräfte, die er nicht ein für alle Mal erwerben kann, es gibt für sie kein Theorie-Modul, er muss sie in der Praxis heranbilden, von Projekt zu Projekt, er muss sie an der realen Aufgabe stärken, bereichern, korrigieren, raffinieren. Das läuft weitgehend subkutan, sozusagen nebenher, während er sich intensiv mit seinem aktuellen Bau beschäftigt. Das braucht Zeit. Also ist im Vorteil, wer länger dran ist.

Sieht also gar nicht so trist aus für uns Alte. Die Jungen sind mit dem frischeren Wissen unterwegs, wir Ältere mit mehr Erfahrung im Handeln. In Situationen adäquat agieren, das heißt Handeln. Jede Situation ist einmalig, und abrufbares Wissen gibt es für das Einmalige nicht. Wissen ist allgemein. Wer es nur herunterbricht auf den situativen Fall, ist ein Dogmatiker und verfehlt die Realität. Der Philosoph Hegel verglich den

Dogmatiker einmal mit einer Frau, die auf dem Markt nach Obst sucht. Die Händler haben kein Obst, nur Äpfel und Birnen und Zwetschgen. Sie besteht auf Obst – und kehrt hungrig zurück nach Hause.

Von Obst wird niemand satt. Vom Wissen auch nicht. Genau genommen nicht einmal vom Apfel, denn real existiert auch kein Apfel, es gibt nur – zum Beispiel – den Boskop, eigentlich existiert auch der nicht, sondern einzig dieses eine raue Exemplar, in das ich grad beiße. Das Reale ist sinnlich fassbar oder gar nicht. Will ich wissen, was mit dem Boskop los ist, muss ich in ihn beißen. Das muss ich praktisch tun, das kann ich nicht theoretisch lernen. Je öfter ich es tue, desto mehr weiß ich über den Apfel – falls ich ihn nicht nur bewusstlos verschlinge.

Weil Erfahrung die Bedingung aller Weltvertrautheit ist, auf dem Obstmarkt, in der Architektur, der Alterskunde, reklamieren Ältere zu Recht einen Vorteil: andauerndes Training – mehr gesehen, mehr gehört, mehr angepackt, mehr probiert. Wir können nie genug wissen, doch Wissen ist ein Kind der Vergangenheit, geprüft und approbiert. Jede Situation ist neu, wir müssen sie selber einschätzen. Das schaffen wir umso besser, an je mehr Situationen wir unser Urteil geschärft, unsere Nase fürs Neue erprobt haben. Wie mein 80-jähriger Fernwärme-Guru, der »weiß« genau, wie er seine Pappenheimer nehmen kann, jedoch nicht theoretisch, es gibt dazu keine Theorie, er weiß es aus Erfahrung. Dutzendfach hat er mit diversen Behörden verhandelt und wahrgenommen, wie die ticken; er erkennt sie inzwischen in ihrer Haltung, in ihrem Blick. Die Argumente kennt er sowieso, doch wichtiger wird das Beiläufige, das irrationale Versteckspiel hinter den rationalen Positionen, die drücken sich nur sinnlich aus, da kann man sie wahrnehmen, sie ins Spiel bringen. Allerdings nur mit lebenslanger Übung.

Ich betone: Übung. Von nichts kommt nichts. Auch im Alter nicht. Unser Vorteil ist zunächst reines Schicksal: länger gelebt. Ob wir daraus auch einen qualitativen Profit ziehen, liegt an uns: Wickeln wir über die Jahre nichts als unsere Routinen ab, oder ziehen wir aus jedem Fall mehr Erfahrung, mehr geübte Aufmerksamkeit, mehr gesättigte Intuition? Im ersten Fall wird das Alter eher zur Falle. Ich kenne 60-Jährige, die kommen mir vor wie frisch aus der Fachhochschule. Sie geben sich gern professionell, sind ziemlich eingebildet auf ihr Fachkompetenzen-Portfolio, das sie unverändert mit sich herumtragen. Sie werden aufs Alter rechthaberisch, weil sie ihr Wissen dauernd gegen die Jungen verteidigen müssen, und unerträglich, weil sie sich auf ihre Kompetenzen versteifen, die sie nie als diskutable bewegliche Güter betrachteten. An ihnen wird klar: Was ich als Erfahrungsplus im Alter plausibel machen will, ist kein Naturprozess. Es will geleistet sein, auch wenn diese Leistung nicht methodisch erfolgt. Es braucht die Bereitschaft zu Trial & Error mit sich selbst, die Freude am Herumprobieren, den Humor beim Scheitern.

Der erste Alte, den ich für diese Haltung bewunderte, war mein Physiklehrer im Gymnasium, ein Benediktinermönch, ein Erfindertyp, leidenschaftlicher Mineraloge und nebenher auch noch Vordenker der ökologischen Bewegung. Didaktisch war er keine Leuchte, er dachte nicht daran, uns durch raffinierte Zubereitung des Stoffes das Denken zu ersparen. Um sich in der

Gedankenwelt der klassischen Physik zurechtzufinden, braucht man ja eigentlich keinen Lehrer, dazu gibt es Lehrbücher. Mein Lehrer war kein Lehrbuch, eher mein leibhaftes Lernziel. Für mich verkörperte er, was es bedeuten kann, sich ein Leben lang mit Physik zu beschäftigen. Er wirkte nicht durch sein Wissen, er wusste sensationell viel, doch ihm war das Wissen etwas Fluides, kein Besitz, er nahm es wie eine Freundin, die man gewinnen, mit der man ausgehen will. Wenn er von Newton oder Einstein sprach, merkten sogar wir jungen Banausen, dass der Mann in der Relativitätstheorie drinnen lebt, ja, dass er so, wie er lebt, kaum hätte leben können, hätte Einstein die Theorie nicht entwickelt. Dass er schon älter war, hieß nicht bloß, dass er mehr wusste als wir. Es bedeutet, dass er erfahrener war im existenziellen Einverleiben des Wissens. An ihm erkannten wir, wie unendlich bereichernd es sein kann, Wissen persönlich zu nehmen, zu zweifeln, zu staunen, zu denken, zu lachen.

Die Oldies der Rockmusik auf Revival-Tour.
Sie sind bei sich angekommen.

Man muss dazu nicht unbedingt alt sein. Es wirkt bei Alten einfach auf eine charmante Art besonders. Wahrscheinlich weil sie das, was sie tun, nicht mehr tun müssen. Sie wollen damit nichts erreichen, niemanden beeindrucken. Sie machen es quasi l'art pour l'art. Und überzeugen genau dadurch. Erst recht mit Musik. Warum kommen die Dinosaurier aus der Frühzeit der

Rockmusik so erfolgreich zurück auf die Bühne? Bob Dylan. Die Rolling Stones. Suzi Quatro. Neil Young. Rod Steward. Nick Mason von Pink Floyd. Michael Allmaier war bei Leonard Cohen im Konzert, in »Die ZEIT« berichtet er darüber: »Ich kaufte mein Ticket aus Neugier. Mal sehen, wie ein Eremit von 74 sich in einer Sportart schlägt. Als ich rausging, nach acht Zugaben, hätte ich beinah geweint. Der Punkt ist: Er war nicht nur gut. Er war besser als jemals zuvor. Ich kannte ein paar seiner frühen Livemitschnitte. Ein furchtbares Gejaule. Woran das lag, verriet er einmal: drei Flaschen Bordeaux. Das war die Dosis, die er brauchte, um sich auf die Bühne zu trauen. Nun war das Lampenfieber weg, wie eine Kinderkrankheit. Eine hypnotische Ruhe ging von ihm aus. Die Altersweisheit, die Todesahnung, seine Posen seit jungen Jahren, sie wirkten nicht mehr aufgesetzt. Er war bei sich angekommen.«

Bei sich ankommen kann dauern, auch auf anderen Bühnen. Was hat zum Beispiel Heinz Spoerli, der große Ballettmeister, noch auf der Bühne zu suchen? Mit 72 war er nach wie vor Chef des Zürcher Balletts am Opernhaus, ein ungewöhnlich humorvoller Mann, so wohlgenährt, dass es hinreißend komisch gewirkt hätte, wäre er, wie vor 50 Jahren als Solist, über die Bühne geschwebt. Doch sein Corps sieht in ihm den Tanzgott, die jungen Profis kapieren augenblicklich, was er meint, wenn er eine Bewegung andeutet. Ausführen können sie diese natürlich unvergleichlich besser, sie bewegen sich perfekt, technisch und ästhetisch. Der Meister ist physisch aus dem Spiel, dafür weiß er, worauf es ankommt. Er hält sich an das, was Hugo von Hofmannsthal von Kunst insgesamt erwartet: »Die Tiefe muss man verstecken. Wo? An der Oberfläche.« Dazu gehört eine intensive Erfahrung mit der Tiefe menschlicher Existenz – und dem tänzerischen Ausdruck an der Oberfläche, mit Sehnsucht und Schmerz, mit Einsamkeit und Lebensfreude. Ab und zu tauchen Junge auf, die haben die Mixtur intus, niemand weiß woher.

Kunst braucht Zeit. Meister brauchen Zeit. Brauchen Jüngere die Meister heutzutage noch? Gibt eine solche Verbindung etwas her für eine zeitgemäß reaktivierte »Altersweisheit«? Die Jungen als Profis mit topaktuellem Wissen und Können, wir Älteren mit der Erfahrung, worauf es ankommt? Im Reich der Künste war es immer so. Man kann Kunst an der Hochschule studieren, doch am besten sucht man sich einen Künstler als Meister, der hält keine akademische Vorlesung, er arbeitet mit seinen Schülern, er diskutiert Entwürfe und Werke. Auch in der Musik läuft es so, junge Talente suchen sich ihre Meisterin, sie bilden sich nicht in Lehrgängen, sondern am leibhaften Lernziel, an ihrem Idol, ihrem »Größen-Ich«, wie die Psychologie es nennt, sie reifen in »Meister-Kursen«. Wer bei solchen Kursen dabei war, weiß: Die Schüler sind technisch schon reif, doch irgendwie will aus der Technik nicht richtig Musik, aus dem Können nicht richtig Kunst werden, während die Meisterin schon mal danebengreift, ihr Spiel jedoch ergreift das Herz.

Reift mit dem Alter eine besondere Kunst? Auch im Sport? Carlo Ancelotti, der italienische Meistertrainer, gewann alles, dreimal die Champions League; demnächst erreicht er die 60. Auf dem Feld wäre er eine Lachnummer, aber die Fans des SSC Napoli verehren ihn, die Spieler rennen sich für ihn die Seele aus dem

Leib; er hat die Erfahrung, die Spieler die Physis, er weiß, worauf es ankommt, die Jungen haben die Technik dazu.

Lässt sich das Modell auf »seriöse« Branchen übertragen? Fragen wir unseren Gastroenterologen. Zur Erinnerung: 77, Doyen einer Praxis für Magen-, Darmerkrankungen, mit Tochter, zwei jungen Kollegen, alle Fachärzte. Warum räumt der Alte nicht das Feld? Er nutzt seine Erfahrung gern weiter, und will sie der jüngeren Generation weiterreichen: sein ärztliches Privatwissen, das aus keinem Lehrbuch zu beziehen ist. Gibt es – zumindest medizinisch – ein spezifisches Alterswissen?

Zunächst: Patienten sind vertrackte Wesen, wissenschaftliche Anachronismen, sie sind nicht einmal fähig, lauter eindeutige Symptome zu produzieren. Sie kommen mit diffusen Bauchschmerzen, am Ende sitzt das Problem im Herzen. Da reicht die Kenntnis medizinischer Studien nicht. Keine Patientin entspricht dem Durchschnitt ihrer erforschten Leidensgenossen, jede ist ein bisschen mehr oder weniger, keine ist der statistische Mittelwert, jede ist neu, ist ein Original. Und als dieses Original will sie auch wahrgenommen werden.

Dass Krankheitsgeschichten nicht ablaufen wie vorhersehbare chemische Prozesse, wird immer deutlicher. Es spielen manche »Zufälle« mit, die vielleicht so zufällig gar nicht sind, die eher individuellen Unwägbarkeiten entspringen, die der exakten Methodik entgehen. Da ist ein Arzt gefragt, der mehr hat als seine Wissenschaft: ein sinnliches Sensorium mit geschärfter Aufmerksamkeit fürs Besondere, Individuelle. Das hat der praktizierende Arzt dem wissenschaftlichen Mediziner voraus: dass er die Lücken des Wissens produktiv füllt mit dem, was er am Patienten konkret sieht, hört, ertastet. Für den Rest – das Herunterbrechen von allgemeinem Studienwissen auf den konkreten »Fall« – gibt es intelligente Maschinen wie Dr. Watson von IBM.

Wissen lässt sich digitalisieren, Kunst nicht. Kunst muss reifen.

Unser alter Gastroenterologe hat ungezählte Male beobachtet, wie unterschiedlich Patienten auf dieselbe Therapie ansprechen, wie individuell eine Bauchhöhle reagiert, die gemäß Lehrbuch bei allen auf die gleiche Weise funktioniert. Das brachte ihn immer konsequenter dazu, Patienten nicht nur zu checken, sondern zu lesen wie ein Buch. Jeder ist ein Roman, nicht jeder grad ein »Zauberberg«, doch in jedem steckt eine Menge Raffinesse, Kniffe, Rätsel. Und in jedem gibt es die Schlüsselstellen, die nicht überlesen werden dürfen, soll der Zusammenhang mit der Krankheit verstanden werden. Dazu reicht sogenanntes Evidence-based-Wissen nicht, es braucht Eminence-based-Wissen: ein Wissen aus Erfahrung, wie es Romanliebhaber mit der Zeit gewinnen. Ein persönliches Wissen, das sich der Eminenz des Alters verdankt. »Ärztliche Kunst« nannte man dies früher, weil angewandte Medizin sich nie auf objektive Exaktheit reduzieren lässt, sie vermischt sich mit subjektiver Intuition, die nie beliebig ist, sondern hervorgeht aus der höchstpersönlichen »Lektüre« ungezählter »Menschenromane«.

So findet der alte Gastroenterologe seine Rolle in der Welt der Jüngeren: Er gibt sein persönlich angereichertes Wissen weiter. In dieser Rolle ist er unersetzbar. Sein Wissen ist erzählbar, nicht objektivierbar, es gehört ihm. Reicht er es nicht weiter, ist es verloren. Vermitteln kann er es nur am konkreten Fall. Also muss er in der Praxis mitwirken.

Das lässt sich natürlich nicht auf alle Tätigkeiten übertragen. Doch könnte ausgerechnet der digitale Wandel zu einer Aufwertung von Erfahrungswissen führen. In diesem Wandel wird ja die Maschine, bislang eine praktische Dienerin, sozusagen erwachsen, sie wird stets smarter, sie organisiert sich selbst, repariert sich selbst, sie lernt unaufhörlich. Da heißt, sie konkurrenziert den Menschen genau dort, wo er sich bisher einzigartig wähnte: auf dem Feld der rationalen Intelligenz. Die künstliche Intelligenz Dr. Watson von IBM diagnostiziert Krebserkrankungen exakter und schneller. Er »liest« Röntgenbilder ungleich verlässlicher, weil er sie Pixel um Pixel abgleicht, wozu kein menschliches Auge fähig ist; und er verbindet die radiologischen Befunde mit dem gesamten Datenmeer der einschlägigen Studien. Wird damit der Arzt überflüssig? Als reiner Datenbehälter, ja. Seine »ärztliche Kunst« wird umso bedeutender. Die Diagnose mag treffsicher sein, die Heilung kommt erst mit der Therapie. Dazu bedarf es der Ärztin mit ihrem Sinn fürs menschlich Existenzielle, mit ihrem Blick für das unverwechselbar Individuelle, mit ihrem Interesse am Wecken von Vitalkräften, kurz: mit ihrer ärztlichen Erfahrung. Selbst wenn Digitalisierung die gesamte Abteilung »Diagnose« übernähme – den Menschenarzt ersetzte sie nie. Er kann im Gegenteil

– dank digitaler Assistenz – erst richtig zu seiner Bedeutung auflaufen, kann sich auf das konzentrieren, was nur er kann, nicht kraft Datenwissen, sondern »Kunst«, eminence-based.

Das lässt sich durchaus auf andere Tätigkeiten übertragen. Digitalisiert werden ja eher Tätigkeiten, kaum komplette Jobs. So kann interaktive Lernsoftware die Lehrerin vom bloßen Stoffvermitteln entlasten – und ihr Zeit einräumen für das, was kein Tablet kann: fürs individuelle Coaching, für Motivation und situative Förderung, für Ermutigung von Mensch zu Mensch. Was die Lehrerin dazu befähigt, ist nicht allgemein didaktisches Methodenwissen, wie es in Pädagogischen Hochschulen gelehrt und gelernt wird, sondern Lehrerfahrung, Menschenerfahrung, Lebenserfahrung. Dieses Muster könnte bald für alle Beziehungsberufe gelten.

Auch in andern Branchen wird der digitale Wandel zwei Sorten von Tätigkeiten scheiden: hier Tätigkeiten, die von der Maschine schneller, sicherer, billiger vollzogen werden – dort Tätigkeiten, für die es das ewig zweideutige Wesen Mensch braucht. Zum Beispiel Architektur. Die Branchensoftware BIM ist tüchtig am Werk, sie berechnet, sie konstruiert, sie analysiert präzis und in Windeseile. Der 3-D-Drucker ist auch unterwegs. Ohne Architektin aber fehlte der Architektur jede Zukunftsperspektive. So viel künstliche Intelligenz auch wissen und können mag, sie hat null Ahnung vom Leben. Sie mag durch Gesichtsanalyse »erkennen«, ob wir in unserer Wohnung vergnügt aussehen oder nicht, sie hat trotzdem keinen Schimmer, was Vergnügtheit ist. Darum wird die Architektin unersetzbar bleiben – fürs Nachdenken darüber, wie ein Mensch tickt, was er zum Wohnen und Arbeiten braucht, wie er als soziales Wesen aufblüht. Dabei helfen auch ihr nicht die klassischen Fachkompetenzen, eher Bauerfahrung, Menschenerfahrung, Lebenserfahrung.

Auf diese Weise hat Alterserfahrung künftig eher wieder bessere Karten. Just der digitale Wandel, der oft als Argument gegen das Mitwirken der Alten verwendet wird, bringt sie in gute Position. Der Gesellschaft, sagt man gern, gehe die Arbeit eh aus, also sollten die Alten den Jungen die verbleibenden, knapper werdenden Jobs nicht streitig machen. Momentan deutet allerdings vieles darauf hin, dass die Arbeit anspruchsvoller wird, nicht verschwindet. Einfache, repetitive, rationalisierbare Tätigkeiten übernimmt die Maschine – und schafft Raum und Zeit für all das, was der Mensch besser kann. Dabei gilt: Besser als die Maschine ist der Mensch nur als Mensch. Nicht als Rechenmaschine, nicht als Datenverarbeiter, nicht als Wissensbehälter. Eher als kreativer Designer, als Inspirator und Motivator, als Typ mit Herz und Hand, als Passionierter, als Menschenkenner, als situativ Handelnder, als Zweideutigkeitserfahrener, als Ironiker – und damit nahe an Vorzügen, durch die gerade erfahrene Alte auffallen. Gut möglich, dass künftig die Essenz des tätigen Alters besser geschätzt wird.

Alles hat seine Zeit, und jede Zeit ihre Vor- und Nachteile. Vorteil Alter: Wir leben schon viele Jahre, da hat, wer nicht stumpf ist, mehr Erfahrung anzubieten als Junge. Hinzu kommt der Profit aus der Gegentendenz: Wir leben nicht mehr lange – das stärkt unseren Realitätssinn. Junge müssen sich ins Rampenlicht schieben, wir beobachten lieber, was sich abspielt. Weil wir selber keine Ambitionen mehr haben, sind wir die besseren

Zuschauer. Früher rannten wir Optionen und Träumen nach. Unterdessen sind wir Pragmatiker des Möglichen geworden. Weil wir selbst kaum mehr Zukunft haben, machen wir uns weniger Illusionen. Jenseits von Gut und Böse angelangt, klinken wir uns aus dem Wettbewerb aus, und da wir für niemanden Rivalen sind, brauchen wir auch keine Rücksichten mehr zu nehmen. Ohne Zukunft wird Taktieren zwecklos. So sehen wir die Dinge, wie sie sind – frei von Entwürfen und Begehrlichkeiten.

Als erfahrene Pragmatiker des Möglichen könnten wir Alten interessant werden für Jüngere, die – mit Blick auf ihre offene Zukunft – anfälliger sind für Illusionen. Sie leben, noch einmal Arthur Schopenhauer, in einer »Welt als Wille und Vorstellung«, die alles, was ist, dem Willen zur Selbstgestaltung unterwirft und damit Wille und Wirklichkeit auf schwer entwirrbare Weise ineinander verschlingt. Zum Entschlingen könnten wir uns als patente Sparringpartner anbieten. Unsere Altersstärke liegt genau darin, das Sein vom Wollen zu trennen. Nicht dass wir uns darauf allzu viel einbilden sollten, wir verdanken sie unserem Mangel an Zukunft. Jüngere betrachten die Welt perspektivisch, wir sehen sie – weil eine Perspektive fehlt – zyklisch. Darum lösen wir das Wirkliche besser vom Willentlichen. Weil es mit uns selber ist, wie es ist. Uns etwas vorzumachen wird sinnlos.

Das allmähliche Verschwinden der Illusionen entschädigt uns mit der Chance bereicherter Gegenwart. Die Teilnahme am Leben, für die mein Plädoyer wirbt, muss nicht immer ein Tun, es kann Mitdenken sein, Wissenwollen, theoretisches Interesse. Hauptsache, wir krallen uns nicht ans Ich, wir sind, wo gelebt wird. Je deutlicher es mit mir dem Ende zugeht, desto bedeutender werden Welten, die bleiben. Auch wenn ich nicht mehr mitwirke, kann ich theoretisch teilnehmen. Theorie kommt von Sehen, Hinsehen, ohne etwas zu wollen. Dass das Alter theoriefähiger ist als die Jugend, hat der deutsche Odo Marquard gern behauptet und in seinem Buch »Endlichkeitsphilosophisches. Über das Alter« listig so begründet: »Wer nichts mehr will, gewinnt – kompensatorisch – die Fähigkeit, viel zu sehen. Man braucht sich der Sichträson der Lebens- und Handlungsnotwendigkeiten nicht mehr zu beugen, nicht mehr dem, was in Zukunft noch zu erledigen ist. Theorie ist das, was man macht, wenn nichts mehr zu machen ist. Das Alter ist jener Lebensabschnitt, in dem – aus zunehmendem Mangel an Zukunft – immer weniger und schließlich gar nichts mehr zu machen ist. Darum gehört zum Alter die Theorie: das Alter ist in besonderem Maße theoriefähig.«

Und wenn nichts mehr zu machen ist?
Dann fliegen immer noch die Mauersegler.

Manche nutzen das, indem sie zum Beispiel die Altersuniversität Luzern besuchen. Vielleicht eine Vorlesung über die Intelligenz der Pflanzen, eine ideale Offerte, aus unserem späten Ich hinaus und ins sensationelle Leben der Pflanzen einzutauchen. Pflanzen (ich paraphrasiere hier den italienischen Biologen und Professor für Pflanzenkunde Stefano Mancuso) haben über Jahrmillionen vollkommen andere Überlebensstrategien entwickelt als wir: Wo der Mensch auf zentralisierte, hierarchische Lösungen setzt, handeln Pflanzen flexibel, dezentral und als Gemeinschaft. Sie brauchen wenig Energie, überleben unter extremen Bedingungen, lernen aus Erfahrung und haben dabei Lösungen gefunden, die ganz anders sind als die der uns vertrauteren Tierwelt. Pflanzen haben dreimal so viele Sinne wie wir Menschen, sie erspüren elektromagnetische Felder, berechnen die Schwerkraft, analysieren zahlreiche chemische Stoffe ihrer Umwelt. Mit Duftstoffen warnen sie sich vor Fressfeinden oder locken Tiere an, die sie davon befreien. Über die Wurzeln bilden sie riesige Netzwerke, in denen Informationen über den Zustand der Umwelt zirkulieren. Ohne Organe können sie so über eine Form von Schwarmintelligenz Strategien entwickeln, die ihr Überleben sichern.

Pflanzen, nur ein Beispiel für Teilnahme am Leben. Das Staunen zieht mich weiter, ich sitze in der Aula der Altersuniversität, denke wieder an Brechts »mich zu freuen alles Amselgesanges nach mir auch«. Geht auch mit Pflanzen. Mit Kunst. Mit Architekturgeschichte. Mit Teilchenphysik. Mit den Flugkünsten der Mauersegler. Die werden auch nächstes Jahr kommen, Anfang Mai, sie werden unter dem Dach nisten und brüten, präzis drei Monate, bei sonnigem Wetter steigen sie morgens um sechs hoch ins Blau, da fliegen sie in Gruppen, jagen sich spielerisch, mit über 200 Stundenkilometern, spätabends um halb zehn kehren sie zurück unter das Dach. Die Jungen, kaum geschlüpft, trainieren noch im Nest ihre Flügel, simulieren den Flug, Ende Juli machen sie sich auf ihre erste große Reise – nach Afrika.

Was für eine Geschichte. Die will man im Detail hören. Darum die Altersuniversität. Die innere Idee: Teilnahme an einem Leben, das ohne mich auskommt, mich spielend überleben wird. Je näher ich ihm komme, je mehr ich mich in so ein Leben hineinlebe, desto freier werde ich von mir, von meiner aussichtslosen Lage, umso stärker gehöre ich dazu, ich höre auf, nur Ich zu sein, ich fliege mit dem Mauersegler, ich strebe mit intelligenten Pflanzen zum Licht, sie sind meinesgleichen, wir gehören zum einen unfasslichen Leben, ich überlebe in ihnen gewissermaßen mich selber.

III.

Die Lizenz zu vertrotteln. Am Ende hilft, wenn überhaupt, Galgenhumor, vornehmer gesagt: ironische Einwilligung in die Endlichkeit

»Selbst noch im Ruhestand hatte er das Gebaren eines allmächtigen Mannes an den Tag gelegt, der sein ganzes Leben einer wichtigen Mission gewidmet hatte, doch in diesen elf Monaten vor seinem Tod schien er vollkommen verwirrt, betäubt von seiner Schwächung, betäubt von seiner Hilflosigkeit, betäubt von der Vorstellung, dass der Sterbende, der da gelähmt im Rollstuhl saß – ein Mann, der nicht mehr in der Lage war, einen Tennisball zu schmettern, ein Segelboot zu steuern, ein Flugzeug zu fliegen oder auch nur eine Seite des Mommouth County Bugle zu redigieren –, seinen Namen trug.«

Der Übergang vom Dritten Alter – unseren großen Ferien – zum Vierten passiert nicht selten abrupt. Ein Schenkelbruch, eine Operation mit Komplikationen, schon ist sie da, die Endphase mit chronischen Erkrankungen und Gebrechen. Unsere Sinne verlieren ihre Aufnahmekraft, wir werden hilfsbedürftig. Wir fallen zurück in die Lage von unmündigen Kindern, bloß mit umgekehrter Perspektive. Nicht nur kommt uns die Welt abhanden, wir werden uns selber fremd. Dieses Alter ist nicht einmal mehr Kampf, sagte Philip Roth mit 73, es ist Verlust und Verfall. »Alter ist ein Massaker« lautet das Motto seines späten Romans »Jedermann«. Der Mann darin, kein Held, ist einer wie wir alle. Schockiert durch die Konfrontation mit dem Tod, blickt er auf sein durchschnittliches Leben zurück, mäßig erfolgreich, keine Not, drei ganz verschiedene Ehefrauen, zahlreiche erotische Beziehungen, früher mit Models, zuletzt mit Krankenpflegerinnen. Zum Sterben hatte er sich nie groß Gedanken gemacht. Jetzt ist der Tod nahe und steckt alles an mit Reue und Verzweiflung. Einzig die Erinnerung an die schönsten Tage der Kindheit tröstet flüchtig. Die restliche Zeit vermiest er sich mit Missgunst auf seinen robust gesunden Bruder.

Es ist ein Leben, das uns von irgendwoher bekannt vorkommen dürfte, es rechnet stets mit allem, nur nie mit dem Tod, und nun, da der Tod näher kommt, verliert sich dieses Leben vollends. Daran zerbricht auch das Verhältnis zu Freunden, zur Außenwelt. Das Leben steht nur noch unter dem Verhängnis, dass es übermorgen im Nichts versinken wird. Ein Leben ohne Metaphysik, ein Leben in vollkommener Abwesenheit von Gott kann nicht plötzlich Trost finden, wenn seine Vitalität verlöscht. Woher denn? Wer an nichts glaubt, glaubt auch nicht an sich selbst, wenn es brenzlig wird. Ohne metaphysische Erzählungen zählt letztlich nur der Körper. Das weiß Philip Roth, darum sagt er, sollte sein Jedermann einmal seine Autobiografie schreiben, hätte sie den Titel »Leben und Sterben eines männlichen Körpers«.

Was bringen uns solche »Wahrheiten« über unser Ende? Animieren sie uns, die Zeit bis dahin zu nutzen? Machen sie uns stark für den Ernstfall? Bin ich, wenn es so weit ist, nicht ein anderer?

Klagen über das Alter sind für abendländische Philosophen ein Dauerthema. Aristoteles stellt in seiner »Rhetorik« fest, alte Männer seien auffällig bösartig, mürrisch, kleinlich – weil sie erstens keine Zukunft mehr hätten (also uninteressant seien für die Gesellschaft), weil sie zweitens eben darum gekränkt seien (also nur noch auf Machterhalt oder Rache spielten). Seneca schreibt in seinem viel zitierten 108. Brief an Lucius: »Das Alter ist eine unheilbare Krankheit, die tödlich endet.« Cicero begründet in seiner Schrift »Über das Alter« die These, Alter sei ein Unglück, mit vier Hinweisen: Das

Alter zwinge zur Untätigkeit, lähme den Körper, beraube uns aller sinnlichen Freuden, führe schnurstracks zum Tod. So zieht sich die Klage durch die Geschichte – bis zu Nobelpreisträger Elias Canetti, für den der Tod der absolute Skandal ist, oder Rechtsphilosoph und Publizist Norberto Bobbio, der mit Erstaunen wahrnimmt, wie er im hohen Alter selbst im Freundeskreis zum Fremdling wird, weil er, dauernd mit seinem klapprigen Körper beschäftigt, jede Volte des Zeitgeistes verpasst.

Am Ende sind wir nicht zu retten. »Was kommt nach dem Verlust der Zukunft, die der Tod ist?«, fragt Odo Marquard, der gewitzte Skeptiker, in seinem bereits erwähnten Buch »Endlichkeitsphilosophisches. Über das Alter«. Und: »Die Auferstehungsmythologie des Christentums – dem ich sonst anhänge – spricht allenthalben von Auferweckung und Erwachen. Ich aber schlafe gern ... Ich hoffe und vertraue auf einen Gott, der mich nach meinem Tod nicht auferweckt, sondern schlafen lässt.«

Bis dahin sieht Philosoph Marquard die Ausweglosigkeit auch als Vorzug, »sich nichts mehr beweisen zu müssen, ja sich unterbieten zu dürfen. Dies sorgt für mehr Gelassenheit. Man lernt über Fehler und Schwächen leichter hinwegzusehen.« Er empfiehlt, den Rest der Zeit zu nutzen für eine »solide Schandmaulkompetenz«: »Man braucht im Alter keinen Mut mehr, um in Fettnäpfchen zu treten, weil man nicht mehr genug Zukunft hat, um wieder getreten werden zu können. Außerdem ist die Rede der Alten Rede auf Abruf: Sie – die bald vergessen sein wird – hat weniger das Gewicht letzter Worte, vielmehr die Gewichtslosigkeit von Hinterlassenschaften mit nur noch begrenzter Haltbarkeit. Im Alter kann man das ausnutzen: Man kann ungehemmt merken und reden und schreiben und dabei das eigene Taktgefühl einschläfern und dadurch zuweilen schamlos offen sein ... Ich verlasse mich, je älter, umso mehr, auf das eigene Verschwinden und Verklingen und kann gerade dadurch ungehemmt sehen und sagen: So ist es. Meine Mitmenschen nämlich, denen ich das zumute, brauchen dafür keine kommunikativen Nehmerqualitäten mehr, sondern nur noch ein wenig Geduld; denn binnen Kurzem sind sie mich los.«

Irgendwann findet sich die Würde nur noch im höchstpersönlichen Schlendrian.

In meiner eigenen Endlichkeitsphilosophie spreche ich gern von einer »Lizenz zu vertrotteln«. Vertrotteln ist nicht verblöden; verblöden können schon 30-Jährige, etwa wenn sie sich als Nabel der Welt sehen oder wenn sie so fugenlos in einer Zweckwelt aufgehen, dass sie alle Träume vergessen und nur noch spuren. Vertrotteln wäre das Gegenteil: Schluss mit spuren, weiterträumen. Das hätte seine Würde: Der definitiv alt gewordene Tätigkeitstyp, der tut irgendwann nur noch so, als sei er tätig – und verspielt leicht seine Würde. Der vertrottelnde Alte dagegen spielt nicht mehr mit, er weiß, dass er unnütz ist, also hört er auf, sich auf Pseudonützlichkeit zu trimmen; er verplempert seine Tage, er pfeift auf Konventionen, die uns die Arbeitswelt abnötigt, er lacht über Disziplin, er hat begriffen: Er ist reiner Selbstzweck, zu nichts gut, außer vielleicht zum höchstpersönlichen Schlendrian. Jetzt kann er ganz Mensch sein, so extravagant, wie der Mensch halt ist, ein komischer Vogel, komplett zweideutig, das große Fragezeichen des Universums, ein irdisch vergänglicher Komödiant des Welttheaters.

Mit der Lizenz zu vertrotteln meine ich: In der Rolle des Komödianten gewänne der Alte zunächst für sich einen tieferen und heitereren Lebenssinn. Zugleich gäbe er den sogenannt Aktiven ein Exempel, was es heißt, Mensch zu sein. Nämlich: nicht festgelegt zu sein auf eine Rolle, eine Funktion, sondern in seinem eigenen Märchen herumzuwildern, frei von den Scheuklappen der gesellschaftlichen Vernunft. Vertrotteln als Lebensform einer allerletzten Autonomie und als Vorbild einer Existenz jenseits der Lebensangst. Als Sisyphus, der auf seinem Stein sitzt, statt ihn hinanzuwälzen. Als Genießer des Absurden einer Welt, die einmal dem Tohuwabohu entsprang.

Was gibt das Alter her für eine Komödie? Daniel Schmid schildert in seinem wunderbaren Film »Il bacio di Tosca« von 1984 das Leben in der »Casa di riposa«, die Giuseppe Verdi 1896 für Menschen stiftete, »die weniger Glück hatten als ich«, für Musiker und Sängerinnen, deren Karriere nie in Schwung kam – und andere, deren Traumgagen längst aufgebraucht sind. Die sind unterdessen alle alt und vergessen, sie leben aus dem Koffer ihrer Erinnerungen, die Grenze zwischen Realität und Einbildung verflüchtigt sich, ihre Stimmen klingen brüchig und zittrig, doch ihr Auftritt hat noch immer Klasse, sie sind überzeugt, ihre Gesangskunst sei unerreicht, jedenfalls können ihnen die jungen Opernsängerinnen, denen sie manchmal am Fernsehen zuhören, nicht das Wasser reichen. Da ist zum Beispiel

Sara Scuderi, in den 1920er-Jahren eine großartige Tosca-Darstellerin, im Film bereits über 70, sie mag nicht mehr singen, der Arzt habe es ihr verboten, doch als der Regisseur am Klavier ein Puccini-Motiv anschlägt, verwandelt sie sich, sie wird für ein paar Augenblicke zur Primadonna, der 3000 Zuschauer zujubeln. Und als die Filmcrew einen Vorhang montiert, noch einen Applaus aus der Scala einspielt, da kommen alle hinter dem Vorhang hervor, verbeugen sich ein letztes Mal, formvollendet. Hinter dem Vorhang, sagte der Regisseur, sei ein regelrechtes Gerangel losgegangen, sie hätten ihre Stöcke weggeworfen, hätten das Alter, die Schmerzen, die Gebrechen vergessen, sich kräftig nach vorn gedrängelt.

Falls ich einmal richtig alt werde, will ich diesen Film immer wieder sehen. Die Auftritte, die Allüren der ehemaligen Stars haben etwas Skurriles und gleichzeitig eine Größe, eine Würde, die jeden ansteckt, der seine Menschenseele nicht aus Versehen mitbekommen hat. Diese Alten wissen sehr wohl, dass sie im Pflegeheim »Casa Verdi« leben, dass ihre Bühne hier eine fiktive ist, dass sie am Verdämmern sind. Sie sind aber nicht bereit, ihre musikalische Vergangenheit loszulassen, sie leben sie weiter, auch wenn sie nicht mehr wissen, was daran real ist, was eingebildet. Ist auch gleichgültig, Hauptsache, ihr Alter hat eine innere Bewegung, einen Willen und eine Freude, es ist durchpulst von der eigenen Geschichte, von einer Leidenschaft für das Leben und die Kunst, die sich noch in den Schwächungen des Alters durchsetzt.

Erleben wir ein solches Alter, werden auch wir dereinst in diesen Schwebezustand geraten. Die Linie zwischen Wirklichkeit und Traum wird verwischen, Realität und Einbildung werden sich konsequenter durchmischen als heute. Zwischen Dasein und Verschwinden werden wir immer weniger unterscheiden können.

Können wir diese Verschiebungen nur pathologisch betrachten? Im Jahr 1987, als Altersdemenz noch kaum ein öffentliches Thema war, wurde ich eingeladen, an einer Tagung »Psychosomatische Merkmale des Alters« über Verwirrung und Alter zu sprechen. Es wurde ein eher faktenarmer Vortrag unter der nicht lupenrein korrekten Titelbehauptung: »Erst wer verwirrt ist, wird so recht ein Mensch.« Während ich redete, dachte ich, die Fachleute im Publikum würden mir an die Gurgel gehen, sie würden meine Einordnung der Demenz in ein philosophisches Bild vom prinzipiell verwirrten Menschen als skandalöse Beschönigung eines himmeltraurigen Leidens wahrnehmen und zurückweisen. Es passierte das Gegenteil. Ausgerechnet Ärztinnen und Pfleger mit der reichsten Erfahrung im Umgang mit an Demenz Erkrankten – etwa Kaderleute von der Sonnweid-Klinik Wetzikon – stimmten mir zu, sie sahen in meinem Entwurf einen Ansatz zur Entskandalisierung der Krankheit, sie entdeckten darin ein Menschenbild, das an Demenz Erkrankte ein- statt ausschließt. Sie interessierten sich für eine philosophische Skizze, in die sie ihre täglichen Wahrnehmungen einfügen konnten.

Auch diese Fachleute betrachten Altersverwirrung nicht als schrittweise Entmenschlichung des Menschen, eher als etwas, das zu alten Menschen gar nicht so schlecht passt. Im Alter taucht halt hinter unseren so verständigen Ordnungen das Chaos ungehemmter auf. Das Anarchische drängt leicht durch unsere wohlgefügten Konventionen. So kann Altersverwirrung als einigermaßen logische Folge unserer Lebensausdehnung betrachtet werden. Für Biologen ist das keine Überraschung: Die Evolution kümmert sich ums Alter keinen Deut, interessiert ist sie an Fortpflanzung und Nachwuchspflege. Sie stattet 20-, 30-Jährige tüchtig aus, die späteren Jahre sind ihr so herzlich gleichgültig, dass die genetischen Konditionen fürs Endlosleben als prekär bezeichnet werden können. Im hohen Alter wird das menschliche Genom wackelig. »Der Mensch lebt heute länger, als seine Gene es vorsehen«, sagt der amerikanische Epidemiologe Jay Olshansky. Wird Demenz zum Paradefall einer unvermeidbaren Ambivalenz des stets längeren Lebens? Schieben wir die Grenze des Todes hinaus und können doch nicht verhindern, dass der Gehirnschwund einsetzt, wenn auch sozusagen in Zeitlupe? Dann sollten wir ein neues Verhältnis zur Altersverwirrtheit gewinnen: Respekt vor einem menschlichen Zustand, der medizinisch nicht fassbar wird.

Die Seele verstummt nicht,
selbst wenn das Selbst verfließt.

Normalerweise sehen wir im verwirrten Alten den Menschen im Zerfall. Ihm gerät alles durcheinander, er verwischt jede Eindeutigkeit, vermischt Augenblick und ferne Vergangenheit. Und weil wir den Menschen vom Selbstbewusstsein her definieren, wird der an Demenz Erkrankte menschlich suspekt. Verflüchtigt sich sein Selbst, verschwindet auch die Selbstachtung. Solange wir die Menschenwürde an Selbstachtung koppeln, löst sich Würde in nichts auf. An einer Tagung zum Thema »Demenz und Würde« fragte prompt eine Pflegerin: Kann man eine schwer demente Person überhaupt erniedrigen? Die Frage ist brutal und doch folgerichtig, vom Gesichtspunkt der Selbstachtung. Doch was spricht dafür, den Menschen allein vom Selbst her zu schätzen? Es ist ohnehin eine Strapaze, in diesen schnelllebigen Zeiten dauernd sein Selbst über Wasser zu halten. Wozu sollen sich alte Leute damit plagen? Was haben wir noch vor? Wir wissen, wir nähern uns dem Ende. Wir leben nicht – wie Jüngere – auf Möglichkeiten hin. Ohne Möglichkeiten vor Augen aber gerät die Gegenwart ins Schweben. Für Jüngere ist die Gegenwart eigentlich gar nicht Gegenwart, eher Sprungbrett für die Zukunft. Gegenwart wiederum hat zum Zweck, das Künftige an die Hand zu nehmen: planen, entwerfen, vorsorgen. Der Augenblick zählt kaum, er lebt ins Futur.

Wenn sich aber im Alter das Futur schließt, dann erschrickt der Augenblick. Unvorbereitet ist er mit sich allein. Und damit überfordert. Er merkt, wie er seine gewohnte Eindeutigkeit verliert. Diese Eindeutigkeit verdankte er seiner Zukunftsgerichtetheit. In dem Moment, von der Zukunft im Stich gelassen, büßt er seinen Halt ein: Der Augenblick verfließt. Das Bewusstsein gerät in Verwirrung. Darin zeigt sich etwas spezifisch Menschliches: die grundsätzliche Haltlosigkeit, der unendliche Mangel an Festgelegtsein. Der Hecht und die Amsel und die Katze: sie alle sind, was sie sind, kompakt und eindeutig. Nur der Mensch, das zwiespältige Wesen, hängt irgendwo zwischen Augenblick und Ewigkeit. Aus diesem Zwiespalt rettet er sich durch den Willen zur Zukunft. Der Mensch »ist nicht«, siehe Heidegger, siehe Sartre, »er hat zu sein«. Was aber hat der alte Mensch zu sein? Er sieht sich reduziert auf das, was er ist. Schlimmer: auf das, was er war. In dieser makabren Verdinglichung dämmert dunkel die Erkenntnis, was der Mensch als Möglichkeitswesen sein könnte. Doch mit dieser Dämmerung bricht kein Morgen an. Es wird Nacht. Es beginnt der Taumel des Bewusstseins, das Wanken der Dinge und des Ich.

Sind wir, die noch einigermaßen Unverwirrten, vielleicht über die Verwirrtheit einiger Zeitgenossen manchmal verwirrter als diese selbst? Viele denken, ein Mensch habe gefälligst ein kompaktes Ich zu sein, und finden es prima, wenn 100-Jährige den Tag mit Kniebeugen und Zeitungslektüre beginnen. Weil sie uns so nicht irritieren. Darf ich noch einmal an Michel de Montaigne erinnern: »Soweit ich sehe, haben diese Leute nur die Arme und Beine aus dem Getümmel gezogen; ihre Seele und ihr ganzes Streben sind mehr als je darin verwickelt.« An Demenz erkrankte Menschen handeln konsequenter: Sie ziehen auch ihre Seele aus dem Getümmel. Das heißt nicht, dass die Seele verstummt, sie bleibt nur meist unhörbar, weil sie über die gewohnten Ausdrucksmittel nicht mehr verfügt.

Mit meiner Mutter erlebte ich Erstaunliches. Ab 70 haderte sie mit ihrem Leben, sprach stets vom Verpassten, war unruhig, friedlos. Wie die beginnende Demenz sie erschreckte, wie sie verzweifelt ums Wort rang, nach der Aussage suchte, will ich nicht verschweigen. Die fortschreitende Demenz jedoch verlieh der 90-Jährigen eine Pfiffigkeit, eine Frechheit, die sie ihr Leben lang unterdrückt hatte. An einem Sonntag begleitete ich sie zum Gottesdienst, zur Kommunion, der Priester hielt die Hostie hin, meine Mutter aber wehrte ab: »Essen Sie das selber, ich mag das nicht.« Es war urkomisch, meine Mutter, vorbildlich katholisch, verweigerte die Hostie. Frechheit? Rache? Wahrheit? In der letzten Phase sagte sie gar nichts mehr, aber sie gewann eine innere Heiterkeit. Wenn ich ihr am Bett eine Bach-Kantate summte, war sie selig, »uiuiuuuiii«. Es ging ihr wie dem Publizisten Thomas von Randow, nur dass der noch sprechen konnte. Er sagte, als er 85 wurde: »Vor zwei Jahren hatte ich einen üblen Gedächtnisverlust. Ich vertrottle langsam und fühle mich ganz glücklich damit.« Genau so sah er aus.

Die Lizenz zu vertrotteln. Damit kann weder die Medizin noch die immer gelehrter werdende Altenbetreuung viel anfangen. Beiden schmeckt diese Haltung vermutlich zu sehr nach einem Rezept, die Alten verkommen zu lassen. Uns demnächst richtig Alten könnte sie schenken: mehr Selbst. Im Vertrotteln steckt viel mehr Individualität als in der vorherrschenden Vitalitätsdoktrin. Mehr Endlichkeitsgeschmack sowieso, mehr Heiterkeit erst recht. Es gibt keinen besseren Trost, als über das Vergängliche zu lachen – indem wir uns darauf einlassen, auf Bagatellen und Sensationen, wie auf einen bunten Roman, dessen innere Logik uns überfordert. Humor nimmt das Ungereimte des Alters wahr, ist aber frei vom Drang, es in Ordnung bringen zu wollen. Ironie befreit von der Manie, zu allem Stellung zu beziehen, erlaubt uns, die Vieldeutigkeit einer Situation gelten zu lassen, nach der Art dieses alten jüdischen Witzes: Kommt ein Mann zum Rabbi und beklagt sich über einen anderen, mit dem er gestritten hat. »Du hast recht«, sagt der Rabbi. Daraufhin erscheint sein Gegner und legt dem Rabbi seine Sicht dar. »Du hast recht«, sagt der Rabbi. Da ruft die Frau des Rabbis, die alles mit angehört hat, aus dem Nebenzimmer: »Was bist du für ein Rabbi? Du sagst dem einen, er hat recht, und dem andern auch. Das kann nicht sein.« Da antwortet der Rabbi: »Da hast du auch wieder recht.«

Humor und Ironie sind Schutzformen, sie bewahren uns vor den Krämpfen erzwungener Eindeutigkeit. Wenn wir das Ende sowieso nicht in Ordnung finden – warum wollen wir es dann partout ordentlich? Ist es nicht erträglicher, wenn wir etwas verkommen, bevor wir uns definitiv abhandenkommen?

Ich meine nicht: verwahrlosen. Dazu habe ich nicht die geringste Lust. Zwar träume ich regelmäßig, am Zürcher Bellevue ein Clochard-Leben zu führen, im Traum ist es mir dabei so wohl, dass ich allen Rettungsofferten schöner Frauen widerstehe. Doch auch als Clochard bin ich ganz und gar nicht verwahrlost, ich bin nur aus den bürgerlichen Standards gefallen. Der Clochard ist das Gegenteil des Spießers. Der Spießer interessiert sich nur für sich, er tut so, als sei er von Ewigkeitswert. Der Clochard interessiert sich für die großen unbeantwortbaren Fragen; er weiß, er selber ist nicht einmal eine Fußnote im Gewimmel des Welttheaters.

Zeit haben wir, weil wir wissen,
dass wir nicht endlos Zeit haben.

Die Kunst, einigermaßen heiter alt zu werden, ist vermutlich ganz einfach. Es reicht, dass ich bereit bin, mich ins Vergängliche zu zerstreuen. Diese Freundschaft mit der Endlichkeit lernt am besten, wer sich auf den Wahnsinn der Unendlichkeit einlässt. Ich habe früh Simone de Beauvoir gelesen, auch den Roman »Tous les hommes sont mortels«. Nicht zwingend große Literatur, aber ein fulminant philosophisches Thesenstück, ein famoses Exerzitium in Vergänglichkeitsbefreundung. Die Hauptfigur, Signor Fosca, trank zufällig ein Lebenselixier – und ist seither prompt unsterblich. Gleichzeitig büßt er die Fähigkeit ein, am Leben teilzunehmen, zu lieben, zu hassen, zu kämpfen, von andern geliebt, geachtet, beneidet, als Freund geschätzt, als Rivale bekämpft zu werden. Als ihm ein früherer Freund einmal gesteht, er wäre gern unsterblich, er würde dann gewiss die Durchfahrt nach China finden, entgegnet ihm Fosca: »Nein, bald würdest du dich nicht mehr für China interessieren, du würdest dich für gar nichts interessieren, weil du allein wärst auf dieser Welt. Nie hatte ich einen Freund, die Männer haben mich immer wie einen Fremden betrachtet oder wie einen Toten.«

Das ist nur scheinbar paradox. Der Unsterbliche lebt unter Sterblichen tatsächlich wie ein Toter. Für den, der nicht sterben wird, verliert alles menschliche Tun und Lassen seinen Sinn. Nichts hat für ihn Gewicht – keine Tapferkeit und keine Feigheit, keine Leidenschaft und keine Gleichgültigkeit. Angesichts der Unendlichkeit seiner Lebensspanne riskiert er ja nichts, wagt nichts, gibt sich nicht preis. Fosca endet in Stumpfsinn und Verzweiflung. Die Bilanz des Unvergänglichen: »Ich hatte nichts zu hoffen, ich ging zur Tür hinaus ... Ich konnte mein Leben nicht einsetzen, ich konnte nicht mit ihnen lachen, nie waren Tränen in meinen Augen, nie Feuer in meinem Herzen. Ein Mensch von nirgendwoher, ohne

Vergangenheit, ohne Zukunft und ohne Gegenwart. Ich wollte nichts, ich war niemand.«

Macht richtig Appetit auf endlich, ja? Appetit auf vergänglich, weil nur so überhaupt etwas passiert. Große Emotionen – und krasser Absturz. Vielleicht ein langes Leben – und möglicherweise ein verwirrtes Ende. Goethe: »Wer nicht mehr liebt und nicht mehr irrt, der lasse sich begraben.« Das will ich noch vor meinem Begräbnis beherzigen.

Dass der Mensch sterblich ist, heißt: Er ist weder Gott noch Tier. Götter sterben nie, sie leben ewig. Tiere sterben nicht, sie leben, als lebten sie ewig. Götter nehmen kein Ende. Tiere sehen kein Ende. Endlichkeit wird beiden nicht zum Problem. Göttern gerät die Unendlichkeit zum Augenblick, Tieren der Augenblick zur Unendlichkeit. Zu beneiden sind die beiden darum nicht. Die einen langweilen sich göttlich von Ewigkeit zu Ewigkeit. Die andern verlieren sich animalisch von Augenblick zu Augenblick. Zeit hat weder ein Gott noch ein Tier. Das ist der Preis für derart absolute Ansprüche.

Als Mensch bin ich ein ambivalentes Wesen. Ein Gobetween zwischen dem Augenblick und der Ewigkeit. Eben darum habe ich Zeit. Meine Zeit. Ich habe Zeit, weil ich weiß, dass ich nicht endlos Zeit habe. Meine Endlichkeit trennt mich von den Göttern, das Wissen darum von den Tieren. Wer aber weiß, dass er nicht endlos Zeit hat, schreckt aus der Versunkenheit im Augenblick auf, taucht auf aus dem unendlichen Strom des Geschehens und der Emotionen. Das Wissen ums unvermeidliche Ende zieht einen Riss durch jeden Augenblick, es stört die Behaglichkeit in ihm, weckt die Sehnsucht. Erst jetzt ist der Augenblick da.

Was fangen wir an mit ihm, dann, wenn wir nichts mehr vorhaben? Da ich nicht so herzerwärmend singen kann wie die Alten in der »Casa Verdi«, werde ich vermutlich über allerlei verwirrende Dinge schwadronieren. Sicher über die Zeit, die es »da draußen« gar nicht gibt, die nicht vor sich hinfließt, sondern Veränderung ist, und wenn ich mich nicht mehr verändere, steht auch die Zeit still – oder sie verschwindet spurlos, wenn ich in meine Momente versinke, da gibt es kein Früher oder Später, keine Richtung, keine Ordnung … Vielleicht schwadroniere ich über die Higgs, diese »Gottesteilchen«, die jüngsten Bausteine im Legokasten der Teilchenphysik. Wie sie die Welt im Innersten zusammenhalten, obwohl sie selber eigentlich nichts sind, eher so etwas wie ein Gerücht, aber ein Gerücht kann ja heftig wirksam werden, kann ganze Massen in Bewegung bringen, die Welt verändern. Das hat mir schon immer gefallen: Nicht Materie hält uns zusammen, sondern etwas Geistiges. Eine Geschichte? Ein Gedicht? Ein Gerücht? So könnte mir leicht werden.

Und natürlich werde ich auf die Amsel hören – mich freuen, dass sie so süß weitersingen wird, auch wenn ich nicht mehr bin.

Anhang

Erwähnte und weiterführende Literatur

Baer, Bruno und Hans Beat Achermann: Chancen nach sechzig. Lebensgeschichten, Ideen und Anregungen. Zofingen: Explorum, 2015.
Brecht, Bertold: Als ich im weißen Krankenzimmer der Charité. In: Gedichte und Gedichtfragmente 1940–1956. Berlin/Weimar/Frankfurt a.M.: Suhrkamp, 1993.
Ders.: Leben des Galilei. Berlin: Suhrkamp, 2013.
Busch, Wilhelm: Es sitzt ein Vogel auf dem Leim. In: Historisch-kritische Gesamtausgabe in vier Bänden. Bd. 2. Wiesbaden/Berlin: Vollmer, 1874.
Fassbind, Susanna: Zeit für dich – Zeit für mich. Nachbarschaftshilfe für Jung und Alt. Zürich: Rüffer & Rub Sachbuchverlag, 2017.
Fukuyama, Francis: Das Ende der Geschichte. Wo stehen wir? Übersetzt von Helmut Dierlamm. München: Kindler, 1992.
Hari, Johann: Der Welt nicht mehr verbunden. Die wahre Ursache von Depression. Hamburg: Harper Collins, 2019.
Hersch, Jeanne: Das philosophische Staunen. Einblicke in die Geschichte des Denkens. Übersetzt von Frieda Fischer. Zürich: Benziger, 1981.
Höffe, Otfried: Die hohe Kunst des Alterns. Kleine Philosophie des Guten Lebens. München: C. H. Beck, 2018.
Huxley, Aldous: Schöne neue Welt. Ein Roman der Zukunft. Übersetzt von Tobias Döring. Frankfurt a.M.: Fischer Taschenuch, 2014.

Keller, Gottfried: Abendlied. In: Sämtliche Werke – Historisch-kritische Ausgabe. Basel/Frankfurt a.M./Zürich: Stroemfeld Verlag Neue Zürcher Zeitung, 1996.

Leser, Markus: Herausforderung Alter. Plädoyer für ein selbstbestimmtes Leben. Stuttgart: W. Kohlhammer, 2017.

Marquard, Odo und Franz Josef Wetz (Hg.): Endlichkeitsphilosophisches. Über das Alter. Stuttgart: Reclam, 2013.

Roth, Philip: Jedermann. Übersetzt von Werner Schmitz. München: Hanser, 2006.

Schweikert, Ruth: Tage wie Hunde. Frankfurt a.M.: S. Fischer, 2019.

Sinclair, David: Das Ende des Alterns. Die revolutionäre Medizin von Morgen. Übersetzt von Sebastian Vogel. Köln: DuMont, 2019.

Voltaire: Kandide. München: G. Müller, 1924.

… und ein sehenswerter Film

Schmid, Daniel et al.: Il bacio di tosca. Zürich: T&C Edition, 2013.

Weitere Bücher aus dem Verlagsprogramm

Josef Dohmen

Wider die Gleichgültigkeit
Plädoyer für eine moderne Lebenskunst

Hardcover
ISBN 978-3-907625-72-9

Die philosophische Lebenskunst widmet sich in erster Linie der Selbstfürsorge. Sie will der persönlichen Erfahrung eine Art Einheit bieten, um den Zusammenhang im eigenen Leben zu wahren. In unserer technologischen, vom freien Markt dominierten Zivilisation haben wir uns von einer solchen Kultur, wie sie in der Antike gelebt wurde, weit entfernt.

Anhand von Themen wie Authentizität, Glück, Genuss, Haltung, Freundschaft, Alter, Zeit oder Selbsterkenntnis gibt der Philosoph Josef Dohmen eine Richtschnur, wie ein moderner Mensch ein gutes Leben im Sinne der Lebenskunst führen kann – wider die Gleichgültigkeit. Er tut dies mit leichter Feder und in Auseinandersetzung sowohl mit klassischen Denkern wie Sokrates, Epikur und Seneca als auch mit den modernen Autoren Montaigne und Nietzsche und zeitgenössischen Philosophen wie Michel Foucault, Charles Taylor, Wilhelm Schmid oder Peter Bieri.

Birgit Schmid

In jeder Beziehung
Birgit Schmid. 84 Mal

Hardcover
978-3-906304-52-6

Das »Best of« der erfolgreichen NZZ-Kolumne ist eine Liebeserklärung an die Beziehung.

In ihren Kolumnen ist der Titel Programm: Birgit Schmid befragt, beobachtet, durchleuchtet, analysiert Beziehungen – insbesondere zwischen Liebespaaren und Frauen und Männern, aber auch zwischen Eltern und Kind, Freunden oder von Mensch zu Tier.

Die Autorin denkt über Kosenamen nach oder welchen Einfluss der Beruf bei der Liebeswahl hat. Sie geht in den Supermarkt, um das Ernährungs- und Einkaufsverhalten von Paaren zu studieren. Sie philosophiert über den Satz »Ich fühle mich wieder so lebendig«, den häufigsten, wenn jemand eine Affäre beginnt. Sie hält eine ehrliche Rede auf Brautpaare, schreibt einen Brief an die Männer ihres Lebens oder gibt eine Anleitung zum Davonlaufen.

Willi Fehlmann

Manifest. Zukunft
*Die Tätigkeits-
gesellschaft*

Hardcover
ISBN 978-3-906304-20-5

Die Arbeitswelt wird sich in den nächsten Jahren fundamental ändern. Unter anderem aufgrund der Digitalisierung werden immer weniger Arbeitskräfte gebraucht und die Sozialsysteme noch mehr unter Druck kommen. Gefordert sind deshalb innovative Entwürfe von Arbeits- und Lebensmodellen, die handlungsleitend für die Gegenwart und Zukunft werden.

Der Autor plädiert für eine neue gesellschaftliche Identität, die Tätigkeitsgesellschaft. Diese Identität muss sich an der Bedarfslogik orientieren und nicht wie bisher an der Leistungslogik der Erwerbsarbeit. Dazu braucht es eine gesellschaftliche Diskussion über den Grundbedarf der Bürgerinnen und Bürger, der durch den Staat sichergestellt werden muss. Grundlagen sind schon viele vorhanden: Share-Ökonomie, Grundeinkommen, Komplementärwährung usw. Fehlmann fügt diese zu einem Gesamtbild zusammen. Sein Ziel: eine Gesellschaft, in der es keine Arbeitslosen, Ausgesteuerten oder andere Empfänger von Sozialleistungen mehr gibt.

Hans Peter Hertig

Von Arthur Miller via Simone de Beauvoir zu Duke Ellington
Eine Kulturgeschichte in 12 Begegnungen

Hardcover
ISBN 978-3-906304-32-8

Norman Mailer – Arthur Miller – John Huston – Jean-Paul Sartre – Bertolt Brecht – Walter Benjamin – Hannah Arendt – Simone de Beauvoir – Alberto Giacometti – Henri Cartier-Bresson – George Balanchine – Igor Strawinsky – Duke Ellington

Im Zentrum der 12 Kapitel des Buches stehen jeweils ein Begegnungsort und zwei Protagonisten. Deren Zusammentreffen kann zufällig erfolgt sein wie im Falle von Norman Mailer und Arthur Miller oder sich für ein gemeinsames Projekt ergeben haben wie bei Miller und John Huston. Immer sind es Persönlichkeiten aus verschiedenen Kultursparten, ein Schriftsteller trifft einen Dramatiker, dieser einen Filmregisseur, dieser wiederum einen Philosophen usw.

Wo kamen sie her und wo gingen sie hin? Welchen Platz im kulturellen Leben ihrer Zeit haben sie eingenommen? Was haben sie voneinander gelernt?